El rey siervo

Un estudio sobre el evangelio de Lucas

Por Hope A. Blanton y Christine B. Gordon

El rey siervo: Un estudio sobre el evangelio de Lucas

© 2024 por Hope A. Blanton y Christine B. Gordon

Traducido por Adriana Alarcón

ISBN 978-1-963642-02-5

Diseño de portada por Will Kelly

Fotografía de Jen Hinrichs

Contents

Cómo utilizar este estudio

No existe una manera correcta de dirigir un estudio bíblico. Cada grupo de estudio bíblico está compuesto por diferentes tipos de personas con diversas necesidades y dinámicas. A continuación se presentan algunas sugerencias que podrían resultar útiles al utilizar Los Estudios A Sus Pies. Léalo completo. Use lo que quiera. Olvide el resto. Estamos contentos de que esté aquí.

Un enfoque diferente a un método familiar

Como ocurre con muchos estudios bíblicos que conoce, seguimos un patrón de observación, interpretación y aplicación, pero la presentación puede ser un poco diferente a lo que está acostumbrado. En lugar de saltar entre esas tres tareas, las agrupamos.

Primero, leerá un pasaje bíblico y, utilizando las preguntas de observación, anotará las personas mencionadas, los términos utilizados, las órdenes dadas, las acciones tomadas, etc. Podrías decirte que esté es el paso más importante, ya que la Palabra de Dios misma es poderosa y activa.

En la siguiente sección, interpretará el pasaje bíblico con la ayuda de Chris, quien estudió en el seminario. La sección de Interpretación está escrita en el estilo de la mayoría de los comentarios y ofrece una explicación versículo por versículo del pasaje bíblico. Esta sección se basa en el estudio del idioma original y múltiples fuentes, incluidos comentarios, ayudas en el idioma original, sermones, tratados teológicos y conversaciones personales con profesores de seminario.

Finalmente, aplicará el texto bíblico a su vida, con la ayuda de la terapeuta autorizada Hope y sus conmovedoras preguntas de reflexión.

De esta manera, leerá, interpretará y luego reflexionará sobre un pasaje más amplio en su conjunto, lo que ayudará a mantener las palabras y el mensaje en su contexto.

¿Qué día hago qué?

Puede leer y completar todo el estudio de una sola vez o dividirlo. Si desea extender un poco más su preparación, divídala en tres días: el día 1, lea el pasaje bíblico y complete las Preguntas de observación. El día 2, lea la sección de Interpretación. El día 3, complete las Preguntas de reflexión. Incluso podría agregar un día 4 al intentar memorizar o simplemente meditar en el versículo de enfoque y/o escribir sus pensamientos en el espacio para "Reflexiones, curiosidades, frustraciones."

¿Cómo dirijo un grupo a través de este estudio?

Siempre es una buena idea leer el pasaje bíblico en voz alta al comienzo de su tiempo juntos. Después de leer la Escritura en voz alta, elija una o dos preguntas de observación y respóndalas como grupo.

Si la mayoría de su grupo ha tenido la oportunidad de leer la sección de Interpretación por su cuenta, pregúnteles qué les llamó la atención en esa sección y hable sobre las partes del comentario que hayan destacado. Si está liderando un grupo con participantes que no han tenido tiempo de leer la sección de Interpretación por sí solos, tómese el tiempo para leerla en voz alta como grupo antes de hacer esta pregunta.

A continuación, elija tres o cuatro de sus Preguntas de reflexión favoritas y dé tiempo a todos los que quieran ofrecer sus respuestas. Estas preguntas están escritas con el objetivo de involucrar tanto su propio corazón como el de los demás mientras estudian juntos.

Si tiene tiempo, haga todo lo anterior y repase todas las Preguntas de reflexión. Si lo desea, puede preguntarle al grupo qué preguntas o frustraciones surgieron durante su estudio.

¿Quieres un desafío adicional?

Lanza el desafío a tu grupo de memorizar el versículo de enfoque y repítelo juntos cuando se vuelvan a reunir

¿Preguntas? ¡Diganos!

Nos encantaría saber de usted. Escríbanos a athisfeetstudies@gmail.com.

Introducción

En algún punto de nuestras vidas, la mayoría de nosotras hemos leído o escuchado parte o todo el Evangelio de Lucas. Tal vez cuando era pequeña, recitó el anuncio del nacimiento a los pastores en una obra de Navidad. Tal vez, ha visto versículos pintados a mano, en carteles para la venta. Tal vez ha estudiado el libro completo de Lucas. Puede ser tentador pasar de largo algunos pasajes familiares como muchos que encontramos en el Evangelio de Lucas. Hemos escuchado de ellos antes. Podemos recitar algunas partes de ellos. Conocemos la historia.

Pero ¿qué tan bién conoce al protagonista de la historia? ¿Cuándo fue la última vez que se encontró cara a cara con el Jesús de los Evangelios y se sintió asombrada? ¿Cuando fue la última vez que sus actos la dejaron sin respiración? ¿Sus palabras le han impactado últimamente? ¿Sus mandamientos la han motivado a arrepentirse? ¿Sus promesas han hecho que su corazón lo anhele lleno de esperanza? Son nuestros corazones los que se apagan, no su historia. Él es tan vibrante y vivo como nuestras almas lo deseen. A medida que se encuentre de nuevo con Su Palabra, ore para que Su Espíritu se encuentre con usted cuando lea y le de oídos para oír, lo encontrará salvajemente cautivante, incesantemente adorable.

Antes de meternos en el texto, algunas observaciones y comentarios nos ayudarán a prepararnos.

¿Quién era Lucas? Al principio puede parecer extraño leer un libro escrito por alguien que ni siquiera es mencionado en la Biblia, sino hasta cuando Pablo lo nombra como "el médico amado" en Colosenses 4:14. Pero Lucas no era ajeno a la historia de la vida de Jesús. Fue compañero de viaje de Pablo y estuvo encarcelado con él durante dos años en Cesarea. Ambas secciones de "nosotros" en el libro de Hechos y cientos de años de tradición, nos confirman que Lucas y Pablo pasaron mucho tiempo juntos.

Pero Lucas no era el autor bíblico típico. Para principiantes, debió ser un gentil. Nunca conoció a Jesús pero se convirtió a él en la época temprana de la iglesia. Lucas vivió en el primer siglo d.C y probablemente escribió su Evangelio entre los 60 y 70 años d. C. Claramente era un hombre educado, puesto que el prólogo de su Evangelio (Lucas 1:1–4) fue escrito en griego clásico, probablemente el griego más formal del Nuevo Testamento. En Lucas 1:5, cambia a griego koiné, el lenguaje griego común de sus días.

¿Cómo se diferencia el Evangelio de Lucas de los de Mateo, Marcos y Juan? Primero, el de Lucas es el más largo de ellos, y es el único que tiene una secuela —el libro de los Hechos. Lucas y Hechos ocupan más de 1/4 del Nuevo Testamento. Claramente, Dios le dio a este hombre una gran influencia. Segundo, Lucas ubica rigurosamente su narración de la historia de la redención, en el contexto de la historia mundial. Cita nombres particulares y títulos de los gobernadores, marcadores geográficos y fechas para enmarcar la vida y ministerio de Jesús en la historia general. Por ejemplo, en Lucas 3:1-2, antes de comenzar su narrativa acerca de Juan el Bautista, cita al lector seis marcadores históricos. Es un historiador cuidadoso, estableciendo su deseo de aportar un "relato ordenado". Utiliza fuentes primarias, incluyendo testimonios de testigos visuales. Algunos comentaristas piensan que es totalmente factible que haya entrevistado a María para la narración del nacimiento.

Tercero, el evangelio de Lucas es para todo el mundo: los gentiles, las mujeres, los pobres, los de mala reputación. En lo que concierne a los gentiles: mientras que

Mateo escribe su genealogía comenzando con Abraham, el padre de los judíos (Mateo 1), Lucas escribe su genealogía comenzando con Adán, el padre de todos los humanos (Lucas 3). En lo que concierne a las mujeres: en los ocho primeros capítulos, Lucas cuenta la historia del nacimiento de Jesús desde la perspectiva de María, explica su encuentro con Elizabeth, menciona a la profetisa Ana y cuenta las historias en las que Jesús resucita al hijo de la viuda, la mujer que unge los pies de Jesús, la mujer que es sanada de su hemorragia y las mujeres que viajaban con Jesús. Todo esto, en una era en la que la mayoría de las mujeres era considerada secundaria y todos los hombres judíos comenzaban su día con esta oración a Dios: "gracias porque tú no me has hecho como un gentil, un esclavo, o una mujer". En lo concerniente a los pobres y de mala reputación: Lucas muestra a la gente "impura" de la sociedad y el ministerio de Jesús, dirigido a ellos en múltiples ocasiones. Explica que la anunciación del nacimiento de Jesús se hizo a pastores impuros. Resalta la forma en que Jesús toca y sana a los leprosos y a los poseídos de demonios.

Lucas está pintando claramente una imagen de la salvación que está disponible para todos, no solamente para los judíos. Esta es la historia de la redención en colores vívidos y contrastes impactantes. Esta es la historia de Jesús quien vino a morir, a resucitar, a reinar. Vino a amarnos, el rey siervo.

Preguntas para reflexionar

1. ¿Alguna vez ha leído parte o todo el evangelio de Lucas? ¿Cómo lo describiría?

2. ¿Tiene algún pasaje favorito de Lucas? ¿Si es así, cual?

3. De toda la información que ha leído en la introducción, ¿de lo que aprendió que le llamó realmente la atención? ¿Por qué?

4. ¿A medida que completa este estudio bíblico, ¿qué consecuencias cree que traerá a su corazón estudiar el evangelio de Lucas?

Reflexiones, curiosidades, frustraciones:

Estudio 1

El rey humilde

Lea Lucas 1–3

Preguntas de observación

1. Haga una lista de los detalles de lo que les sucedió a Elizabeth, Zacarías y María y cómo se conectan sus historias (Lucas 1:5–80). ¿Cuáles son los temas similares que aparecen en las canciones de alabanza de Zacarías y María?

2. ¿Qué sucedió el día en que Jesús fue circuncidado en el templo? (¿Quién estaba allí y qué hizo cada uno? etc.)

3. Describa el día en que Jesús tenía 12 años de edad y se quedó en Jerusalén (¿Quién estaba allí, qué hizo cada uno? etc.)

4. A partir de Lucas 3:21–22, escriba los detalles específicos del bautizo de Jesús.

Interpretación

Lucas 1:1–25. Durante 400 años, nadie escuchó nada de Dios quien había prometido enviar al Mesías, un salvador para rescatar a su pueblo. No hubo visiones, ni profetas, ni palabra de Yavé. El ritual de ofrecer sacrificios a Dios continuaba, el templo todavía estaba, también las fiestas de Israel, los días de descanso, la narración de las historias del Éxodo. Pero debió haberse sentido como si Dios hubiera olvidado a su pueblo. Es aquí cuando entra en escena Zacarías. Habiendo nacido en una línea de sacerdotes, Zacarías debía ir al templo en Jerusalén dos veces por año para cumplir las labores sacerdotales para las cuales había sido escogido. En ese momento había sido escogido para quemar el incienso que simbolizaba las oraciones de Israel subiendo a Dios y era un inmenso honor que un sacerdote lo hiciera por lo menos una vez en su vida. Para Zacarías, este debió ser el punto culmen de su existencia.

Por unos pocos momentos, este hombre iba a estar tan cerca de Dios como ningún otro hombre hasta ese momento. Él y todos los que le esperaban alabando, habían estado orando por la salvación de Israel.

Zacarías y Elizabeth ya habían pasado por mucho la edad de tener hijos, pero Dios aún no se los había dado. Zacarías ya se habría dado por vencido en su oración por un hijo. Sin embargo, su nombre significa "el Señor recuerda" y allí en la oscuridad del lugar Santo con el incienso llenando su nariz, Zacarías entendió que cuando Dios se acordara de Israel, esto lo incluiría a él individualmente.[1]

Esta es la forma en que nuestro Dios obra, usa nuestras historias, nuestras pérdidas,

---

1. Walter L. Liefield y David W. Pao, "Luke," en *Luke–Acts,* vol. 10 de *The Expositor's Bible Commentary,* edición revisada, editado por Tremper Longman III y David E. Garland (Grand Rapids, MI: Zondervan, 2006), 54.

nuestros anhelos, nuestras voces y nuestras oraciones para aumentar su reino. Cuando Zacarías dudó en voz alta, el ángel lo reprendió. Es como si Zacarías hubiera dicho, "pero estoy viejo" y el ángel le hubiera contestado, "pero él es Dios." Esta es la primera de incontables muestras del reino al revés en Lucas. Las primeras palabras de Dios al mundo después de siglos involucraron una pareja estéril teniendo un bebé que prepararía el camino para el salvador del mundo.

Lucas 1:26–56. El lugar de la escena cambia del templo de Jerusalén al campo, a un pequeño pueblo llamado Nazaret. A diferencia de ahora, cuando la gran mayoría de gente se compromete en matrimonio a sus 20 o 30 años, el compromiso sucedía normalmente poco tiempo después de la pubertad. María estaba probablemente en sus años de adolescencia. Note en el verso 28 cómo el ángel saluda a María. "Muy favorecida," este no es un estatus que María haya ganado, María no fue escogida porque hiciera algo bueno. Dios le dio el honor de la misma manera que se lo da a todos los creyentes —no porque haya ningún mérito de parte de ellos.

En su cultura, María no tenía ninguna voz como mujer joven, no tenía ningún poder para cambiar sus condiciones de vida. El Dios del universo que hizo millones de estrellas y las llama a cada una por su nombre, escogió habitar en los frágiles confines del delicado vientre de una adolescente. Oh! qué sorprendentes son los planes del Señor! El no actuará de acuerdo con nuestras expectativas ni será restringido por nuestra imaginación. El silencio se rompió, el rey siervo llegaba. Esta adolescente debió sentirse sobrecargada con sus propias noticias y curiosa de saber lo que le sucedió a su pariente anciana. María comenzó un viaje de cuatro días para visitar a Elizabeth, tuvo suficiente cantidad de tiempo para meditar acerca de la forma en que Dios estaba tejiendo su historia. A medida que caminaba, tuvo tiempo de pensar en lo que el ángel le dijo y de relacionarlo con lo que ya conocía acerca de Dios. Seguramente conocía las historias de los israelitas, la historia de Ana, la esperanza del Mesías que vendría.

Cuando Elizabeth escuchó el saludo de María y sintió el bebé en su vientre saltar de alegría, entendió la grandiosa historia de la que formaba parte. El reino al revés, había venido a su pequeño pueblo. El rey del reino al revés, se metió dentro del corazón de una chica adolescente y había entrado a su hogar. Este reconocimiento de Elizabeth del "Señor" no fue pasado por alto por María. Su emoción y gozo no pudieron ya seguir siendo contenidos. María prorrumpió en una canción que es marcadamente parecida a la canción de Ana, en 1 Samuel 1 y que debía conocer desde su niñez. Éste es el Magníficat, una Palabra latina que significa literalmente "engrandecer." María no pudo hacer menos que glorificar, cuando reconoció el privilegio que había recibido de ser la madre del Mesías. Su canto exalta la forma en que Dios está volteando el mundo al revés, derribando el orgullo, dándole poder al humilde y llenando los estómagos de los pobres.

Lucas 1:57–80. El día de la circunsición del niño, fue parecido al bautizo de los niños en nuestros días. Amigos y parientes deben haber sido invitados a la ceremonia que reconocía el hecho de que todas las promesas de Dios eran ahora aplicables individualmente a esta criatura. También fue el día cuando el bebé recibió nombre de parte de sus padres. Estos padres le dieron un nombre que no tenía historia en la familia, lo cual era un rompimiento de la tradición, una declaración de Dios irrumpiendo y llamando a Juan a algo diferente. Note que las primeras palabras de Zacarías, después de varios meses de silencio, fueron palabras de adoración. Lleno del Espíritu Santo, primero cantó acerca de Dios que cumplía las promesas a su pueblo y luego del llamado de su pequeño hijo a preparar el camino para el Mesías.

Los judíos más devotos creían que alguien vendría antes del Mesías, una figura como la de Elías que prepararía el camino. Zacarías reconoció a Juan como esta figura. Dios estaba respondiendo tanto la oración de Zacarías por un hijo, como su oración por la liberación de Israel. Su canción así como la de María, habló proféticamente de cosas que vendrían como si ya hubieran sucedido. Su canción es de gozo por el increíble alivio. Vea el poder, soberanía, ternura y atención de nuestro Dios. Siempre está trabajando —en nuestras historias individuales y en la historia más grande, la liberación de su pueblo. En el momento en que pensamos que no hay nada que hacer, irrumpe a través de nuestras expectactivas. ¿Cómo podría ser nuestra respuesta diferente a la de María y Zacarías? Lo alabamos. Nos maravillamos con la forma en que nuestro Dios ordena la historia, aún incluso nuestras propias vidas.

Lucas 2:1–40. Lucas expone el reino de los hombres y el reino de Dios de principio a fin. Augusto cambió la república Romana a un imperio y se declaró "hijo de Dios" y "El salvador del mundo." El verdadero hijo de Dios yacía en un pesebre. Era el hijo de una pareja pobre que no tenía a nadie más que envolviera al niño Jesús en sus ropas tradicionales, un trabajo generalmente hecho por una partera. Pudo haber nacido en una caverna, el primer piso de una casa o en un jardín abierto. Estos dos reinos no podían ser más diferentes. Augusto estaba construyendo y demostrando poder para su propio bien. Dios está entrando en la bancarrota del mundo para nuestro bien. La mayoría de nacimientos reales se anuncian con suntuosas ceremonias. Este bebé vino con un ejército santo que cantó a los despreciados por la sociedad. Los pastores eran sucios, pobres y siempre eran ceremonialmente impuros debido a su trabajo. Éstos pastores, esta gente indeseable, fue la que recibió la mejor y más importante de las noticias en este mundo. La guerra entre Dios y el mundo se había acabado, Dios venía a hacer la paz —paz real.

Levítico 12 nos cuenta que cuando una mujer tenía un bebé, debía llevar un cordero como una ofrenda quemada y una paloma o tórtola como ofrenda por el pecado para hacer redención por ella misma. Sin embargo, si no podía comprar un cordero, podría traer una paloma o tórtola. Esta ofrenda hecha por María y

José se llamaba la "ofrenda de los pobres." Aquel quien era el autor de la historia, quien marcó los límites del mar y poseía el ganado en miles de colinas, nació en una familia que no podía comprar un cordero. Y aunque sus padres hacían parte devota del remanente de Israel, probablemente también sufrían cotidianamente para llevar comida a la mesa. Jesús desde el mismo principio de su humanidad, vivió al entrar a ella, con el problema del sufrimiento

Lucas 2:41–52. Las caravanas de viajeros en los días de Jesús, consistían de muchas familias viajando juntas y debían estar divididas entre los hombres, que caminaban más rápido y las mujeres y los niños que caminaban mucho más lentamente. Puesto que Jesús estaba apenas en la antesala de su madurez, Cada uno de sus padres pudo fácilmente asumir que estaba con el otro grupo. Todo hombre adulto que viviera a 15 millas de Jerusalén estaba obligado por la ley judía a asistir a la pascua. A los 12 años, Jesús era considerado un hombre. Debió haber entendido el propósito de la sangre y el ritual, la necesidad de la purificación y el perdón. De alguna manera, su conocimiento de sí mismo había crecido a tal punto que cuando sus padres llegaron a encontrarlo, las primeras palabras que Jesús dijo hicieron referencia a Dios como Padre, en cambio de José su padre terrenal.

El templo era el lugar común donde los maestros se encontraban para discutir las Escrituras. Mientras María corría afanada y llena de pánico, Jesús estaba calmado. Su entendimiento de las Escrituras y de Dios sorprendió a los expertos teólogos de su día. Sus padres, las personas que mejor lo conocían, en ese momento lo malinterpretaron completamente.¿No nos sucede esto? Tenemos experiencias que nos hacen creer que conocemos a Jesús, que lo tenemos completamente identificado. Y en ese momento nos sorprende.

Lucas 3:1–20. Habían pasado 18 años desde que Jesús, sentado en el templo en Jerusalén había llamado Padre al Dios vivo. La Palabra de Dios había venido a Juan. Se dice muy poco acerca de este último gran profeta pero su mensaje es claro:

alístense, el juicio se acerca, deben arrepentirse, Juan era el correo, el anunciador, el precursor. Citó Isaías 40:3–5, animando a las personas a estar listas para la venida del rey. En tiempos antiguos, cuando los reyes deseaban visitar una parte de su territorio, enviaban adelante un correo a los que se encontraban en el camino instruyéndolos para llenar los huecos, enderezar el camino, construir puentes, cortar árboles y preparar un camino para que el rey pudiera encontrarse con ellos. Pero Jesús era una clase diferente de rey y necesitaba una preparación de diferente clase.

Las palabras duras de Juan, iban dirigidas a aquellos judíos que pensaban que su pedigree espiritual era un tiquete gratis al reino. El bautizo en los días de Juan, era una ceremonia utilizada para gentiles impuros que se convertían al judaísmo. Habría sido ofensivo a los judíos escuchar a Juan predicar de la necesidad que tenían de someterse a semejante rito, pues creían que ya estaban "adentro."

Juan no instruyó al pueblo para que dejara de trabajar ni para que destruyera el sistema en el que trabajaban, sino para hacer sus trabajos de forma concienzuda y ética. Los que tenían suficiente debían compartir con aquellos que no tenían. Los cobradores de impuestos que vivían de tomar dinero extra, debían tomar solamente lo necesario. El arrepentimiento real no es un sentimiento ni sólo palabras, tiene dientes, acción e implica un cambio visible. En la antigua Palestina, a los maestros no se les pagaba frecuentemente con dinero sino con favores. De acuerdo con un dicho rabínico, cualquier cosa que un esclavo hiciera por su maestro era lo que se esperaba de un discípulo, excepto por una labor: desatar la correas de las sandalias. Desatar correas de pies sucios era demasiado degradante inclusive para un discípulo, pero el rey siervo que venía, iba a ser como ningún otro maestro al que se le hubiera servido. Ningún trabajo a su servicio sería insignificante.

Lucas 3:21–38. Así como Jesús escogió unirse en su nacimiento a los pecadores, escogió también identificarse con los pecadores al ser bautizado. Siempre se está acercando a nosotros. En un momento de intimidad sorprendente mostrada a todos los que estaban alrededor, Dios afirmó a su hijo y a su ministerio. "Tú eres mi hijo amado" Es parte del salmo 2:7, una descripción del Mesías. Incluso ese día, en que comenzó su ministerio público, Jesús sabía hacia donde iba—comenzaba el camino hacia la cruz.

Es fácil para nosotras olvidar que aunque Jesús era totalmente Dios, también era totalmente hombre. Aunque entendía claramente algo de su identidad en el templo cuando tenía 12 años, Jesús regresó con sus padres en Nazaret, se sometió a su autoridad y esperó. Conoció largas horas y poca comida. Hebreos 5:8 nos dice "Aunque era Hijo de Dios, Jesús aprendió obediencia por las cosas que sufrió." El rey mismo, se integró a las agotadoras tareas mundanas de cada día. Y aunque no tenía pecado, sufrió en todas las formas en que nosotras sufrimos, vino a salvar en medio del quebrantamiento del mundo.

El silencio de Dios de 400 años había sido roto, con la promesa de un bebé a un hombre anciano que servía en el templo. La segunda persona de la Trinidad habitó en el cuerpo de una adolescente, creció como un muchacho, se sometió a sus padres y aprendió las Escrituras. Fue bautizado con los pecadores y vivió en la pobreza con su familia, el rey de los cielos había penetrado en el dolor de la tierra para redimir todas las cosas y a su pueblo. Vino a morir, a resucitar, a reinar. Vino a amarnos, el rey siervo.

Preguntas para reflexionar

5. Piense detenidamente que durante 400 años no hubo ni visiones, ni profetas, ni palabras de Yavé, solamente rituales y rutinas para mantener una conexión con el Señor. ¿Qué se debe haber sentido durante esos 400 años? Ahora, a una luz diferente ¿Cómo percibe los hábitos espirituales que utilizamos en la vida diaria?

6. En una misma historia, Dios respondió la oración individual de Zacarías por un hijo y las oraciones colectivas de Israel por un Mesías. ¿Qué cosas le muestra esto, acerca del carácter de nuestro Dios?

7. Los pastores impuros, indeseados e indignos de confianza fueron los primeros en ser saludados por una multitud de ángeles que dijeron que el Mesías había llegado. ¿Qué cree que Dios está tratando de comunicar a través de esta escena acerca del Evangelio? ¿Ha encontrado que eso es cierto del Evangelio?

8. Jesús sorprendió a sus padres cuando decidió no salir con ellos al mismo tiempo de Jerusalén, mostrándoles que lo que pensaban acerca de su identidad y de cómo debería actuar, era diferente de lo que ellos esperaban. ¿Cuándo lo que usted piensa acerca de Jesús? ¿Por qué?

9. En el bautismo de Jesús tenemos la oportunidad de ver esta tierna e íntima proclamación de parte de Dios, de su Hijo. Conectando con lo que conocían de las Escrituras, los judíos debían saber que esta era una descripción del Mesías. ¿Qué nos muestra Dios el Padre, de Jesús su Hijo? ¿De qué manera se conecta con nosotras?

Verso principal

Alaben al Señor, el Dios de Israel, porque ha visitado y redimido a su pueblo. Nos envió un poderoso Salvador del linaje real de su siervo David.

Lucas 1:68–69

Reflexiones, curiosidades, frustraciones:

Estudio 2

El rey sanador

Lea Lucas 4–6

Preguntas de observación

1. Lucas 4:31–44 describe el comienzo del ministerio de Jesús. Haga una lista de algunas de las cosas que hizo.

2. Describa qué sucedió cuando Jesús llamó a los 12 primeros discípulos (Lucas 5:1–11).

3. En Lucas 6:1–11 ¿cuáles fueron las dos cosas que hizo Jesús en el día de descanso? ¿Quién estuvo en desacuerdo? ¿Por qué?

4. Haga una lista de las cosas que Jesús dijo que debíamos hacer por los demás en Lucas 6: 27–36

Interpretación

Lucas 4:1–21. Jesús pasó de un punto espiritual muy alto a uno miserable y arduamente bajo. Observe que el Espíritu llevó a Jesús al desierto para ser tentado, Dios siempre prueba y alista a quienes escoge cómo líderes antes de utilizarlos. Hizo lo mismo con su Hijo. En medio de esta lucha, Satanás, el maestro del engaño, se introdujo para ofrecerle cosas que eran atractivas; alternativas que parecían cumplir necesidades legítimas pero que realmente lo habrían llevado lejos de su dependencia y obediencia a Dios. Los seguidores de Jesús iban a experimentar esta misma vida de pruebas y luchas y de ser moldeados por el Espíritu. Todas las pruebas revelan nuestros corazones. En estas tentaciones, el corazón de Jesús reveló ser puro, estar listo para aceptar la cruz y ser completamente dependiente de su Padre.

Jesús comenzó un viaje de predicación y cuando regresó a la sinagoga de su pueblo, se le pidió que leyera las Escrituras y que después hiciera comentarios, como todos los hombres adultos lo hacían. Todas las personas que estaban en la sinagoga ese día con Jesús, probablemente lo conocían desde que era un niño. Sin embargo, habían escuchado los comentarios acerca de él y esperaban que lanzara un plan para acabar el corrupto sistema político de los romanos. Creían que los judíos eran el pueblo escogido de Dios y que los gentiles eran simplemente, como escribieron los rabinos, "combustible para los fuegos del infierno."

Jesús leyó de Isaías 61, "el año favorable del Señor" que les recordaría el año del jubileo, que sucedía una vez cada 50 años. En ese año, de acuerdo con Levítico 25, todas las deudas eran perdonadas y los esclavos eran liberados. "La Escritura que acaban de oír ¡se ha cumplido este mismo día!" Jesús estaba reclamando ser el objetivo de la profecía de Isaías. Rescataría a los judíos y pondría a todos los demás en su lugar. O eso creían.

Lucas 4:22–30. Jesús habría podido darle al pueblo exactamente lo que quería—rescatarlos de la opresión política y entregar una clase especial de salvación favorable y exclusiva para los judíos. Pero Jesús estaba construyendo un reino no solamente para los judíos sino para todos los que vinieran a él. Él sabía que deseaban señales; sabía que provocaría su ira. Sin embargo, habló escuetamente, confrontó su convicción llena de orgullo de que Dios solamente los amaba a ellos. Conociendo las Escrituras han debido saber que Dios hizo ver su llamado a los gentiles aún en el tiempo de sus antepasados. Y esto los enardeció, aceptaban una especie de gracia para los de su propia clase, pero ya era demasiado extender la gracia a los sucios y ceremonialmente impuros gentiles. Esto los llevó al borde de sus límites.

Antes de juzgar a esta gente por su pensamiento tan rígido e ignorante, debemos examinarnos a nosotras mismas, ¿Hacemos lo mismo? ¿Consideramos que cierta clase de personas, está fuera del alcance de la gracia de Dios?

Lucas 4:31–44. En la sinagoga de Galilea sucedieron dos cosas que revelaron la asombrosa autoridad de Jesús sobre todas las cosas. Primero, su enseñanza, los rabinos en el tiempo de Jesús enseñaban citando en su mayoría a rabinos que habían escrito antes que ellos y algunos hacían eso exclusivamente. Jesús no citó ninguno, excepto a los escritores del Antiguo Testamento, simplemente habló la verdad acerca de Dios. La gente nunca había escuchado una enseñanza así.

Segundo, esta misma autoridad, se extendía a las interacciones de Jesús con los demonios. Aunque muchos exorcizaban demonios en su día, Jesús no utilizó palabras mágicas o ceremoniales extraños. Simplemente le decía al demonio que se callara y que saliera. Como aprendemos más tarde en los Evangelios, toda la autoridad le había sido dado a este rey. Solamente necesitaba hablar para que las cosas sucedieran.

De la misma manera, Jesús les hablaba a las enfermedades y se iban. En el día de reposo, ningún trabajo debía ser hecho por parte de los judíos, ni siquiera cargar a los enfermos. Pero cuando se puso el sol, los enfermos y los poseídos por demonios encontraron a Jesús. Observen su ternura, cómo tocó a cada persona cuando la sanaba. Considere la dignidad que le dio a cada persona que se acercó a él en desesperación total, Jesús utilizó su autoridad para demostrar al pueblo, cuál era el reino de Dios y cómo era el gobierno de Dios. Cuando el rey siervo predicaba en el camino hacia la sinagogas de Judea, el reino al revés estaba manifestándose entre los enfermos y los poseídos de demonios.

Lucas 5:1–11. Simón había escuchado las enseñanzas de Jesús y había visto su poder, pero Jesús estaba mucho más seguro de Simon que Simón de Jesús. Simon debe haber escuchado a Jesús cuando enseñaba a la gente esa mañana. Después de hablar, Jesús dirigió sus palabras solamente a Simón diciendo, "Ahora ve a las aguas más profundas y echa tus redes para pescar." Simón no era un pescador aficionado y aunque no creía que hubiera peces, de nuevo en este momento, había visto suficiente de Jesús como para saber que debía escucharle.

El resultado de la pesca fue el más grande que ningún pescador profesional en esos botes hubiera visto. Simón ya no pudo contener su respuesta: "Señor, por favor, aléjate de mí; soy un hombre tan pecador." Cuando apreciamos la majestad enceguecedora y el poder de Jesús, si nos vemos claramente, esa será nuestra respuesta. La santidad de Dios y la pecaminosidad de los humanos no pueden coexistir. Sin embargo, Jesús conociendo de antemano las cosas terribles de Simon, lo buscó de manera particular y personal, al llamarlo como discípulo.

Lucas 5:12–26. Sería lógico asumir que este leproso no había sido tocado por muchos años. Las personas con lepra eran expulsadas de sus familias, no podían trabajar para ganar su sustento, algunas veces estaban desfiguradas y definitiva-mente estaban aisladas. Observe la respuesta y el contacto de Jesús: "Jesús extendió la mano y lo tocó: Sí quiero —dijo— ¡Queda sano!" Jesús no paró allí. Ordenando al hombre que se mostrara al sacerdote y que ofreciera sacrificios, aseguraría que el sacerdote lo examinara, lo declarara puro y lo restaurara a la comunidad. La sanación de Jesús no es solamente física sino emocional, relacional, psicológica y espiritual.

Lucas 5:27–39. Leví, siendo un cobrador de impuestos, era probablemente el más rico de los diez discípulos, invitó a su nuevo Señor a pasar un tiempo con sus amigos, que seguramente también eran cobradores de impuestos. Los cobradores de impuestos eran odiados. Pero mientras que los fariseos evitaban a tales personas para poder permanecer ceremonialmente puros, Jesús buscaba estos pecadores impuros para hacerlos bellísimamente santos.

Otra vez, los fariseos fallaron al blanco cuando preguntaron a Jesús acerca del ayuno. Aunque el ayuno estaba prescrito por la ley una sola vez al año, los fariseos hicieron del mismo una práctica de dos veces por semana. Vivían como si estuvieran en un tiempo de duelo por Israel, como si el reino aún no hubiera llegado, pero el reino había llegado. Jesús compara su presencia con una boda, un tiempo de celebración, no un tiempo de aflicción.

Lucas 6:1–11. La ley ceremonial no era un medio para alcanzar un fin, era una señal de algo más grande, una sombra de lo que había de venir, pero los fariseos errando en el blanco, habían hecho de ella un fin en sí misma. Como continuaban tratando de atrapar a Jesús, él demostró que tenía autoridad sobre la ley. Un día de descanso, los seguidores de Jesús, comieron algunos granos de trigo mientras caminaban por los campos. Los fariseos trataron de acusar a Jesús, por preparar alimentos en el día de descanso, lo cual estaba prohibido. Pero Jesús les recordó la historia de David y sus compañeros cuando comieron pan de la presencia en el tabernáculo (1 Samuel 21:6). El valoró las necesidades humanas por encima de los rituales.

En otro día de descanso, Jesús sanó a un hombre con una mano deforme. Aunque los fariseos permitían la sanación en el día de descanso cuando alguien estaba en peligro de muerte, este hombre no lo estaba. Entonces, vieron esto como una oportunidad de atrapar a Jesús quien conocía sus corazones y les hizo una pregunta que no dejó la posibilidad de un punto gris, sino la elección entre bueno y malo. Todas sus adiciones, explicaciones y extensiones de la ley habían convertido la ley santa del amor de Dios en algo tan irreconocible, que los habían cegado para entender el propósito principal de la ley. Dios había dado el día de descanso para que los cansados disfrutaran un tiempo de reposo que les diera vida (Éx.20:10), pero ellos lo habían convertido en un arma opresiva. Jesús no vino a culpar, a atrapar o a agarrar a alguien haciendo algo malo. Vino a salvar y a guiar a su pueblo al descanso del día especial de reposo, que todavía permanece para el pueblo de Dios (Hebreos 4:9).

Lucas 6:12–16. Es más que seguro que Jesús sabía que el establecimiento religioso encontraría una forma de asesinarlo. ¿Cómo llevaría el mensaje del reino a todo el mundo antes de ser silenciado? Jesús oró, esta vez toda la noche. Así como Moisés bajó de la montaña después de pasar tiempo con Dios y habló a los 12 tribus de Israel, Jesús regresó a sus discípulos y escogió 12 hombres.

¿Quiénes eran esos gigantes espirituales, precursores de una iglesia que debería perdurar hasta la segunda venida? Jesús escogió hombres ordinarios e inesperados: pescadores, un cobrador de impuestos, un celote que probablemente había promovido la oposición revolucionaria a Roma. También, escogió a uno que lo traicionaría. ¿Quién construye un equipo de liderazgo de esta manera? Solamente, aquel cuyo reino fuera totalmente diferente a lo que el mundo hubiera visto alguna vez.

Lucas 6:17–26. Donde quiera que Jesús fue, las multitudes lo siguieron. No podían tener suficiente de él. A medida que hablaba, enseñaba y sanaba, Jesús había empezado a mostrarles a las multitudes y especialmente a sus discípulos un nuevo tipo de reino, una nueva forma de comunidad.

Jesús describe los valores del reino, debilidad, necesidad, aflicción y exclusión, y los contrasta con los valores del mundo, poder, comodidad, éxito y reconocimiento. Jesús volteó completamente al revés los valores del mundo.

"Bendito," significa aquí "profundamente satisfecho." Las circunstancias de necesidad y dependencia de Dios, son las cosas que debemos destacar en el reino de Dios. De hecho, cuando usted esta débil, necesitado, sufriendo, o excluido, el poder y deleite que disfruta en Jesús, de alguna manera aumenta y se fortalece.

"Ay de ustedes" estaría mejor traducido como "qué terrible" o "qué espantoso." No es que el poder, comodidad, éxito y reconocimiento sean cosas malas o cosas que deban ser evitadas en sí mismas. Es sólo que debemos sospechar de ellas, porque nos pueden llevar a la autosuficiencia y a creer que no necesitamos a Jesús.

Lucas 6:27–36. La clase de amor que Jesús describe aquí, los griegos la habrían llamado ágape. No está relacionada de ninguna manera con los méritos del objeto amado y no está basada en intereses comunes o en una posible recompensa. Su meta es el bien absoluto del objeto amado. Esta es la clase de amor con la que Jesús nos dice que amemos a nuestros enemigos.

Ágape toma las decisiones basadas en el bien de su objeto. No es ciega a las fallas y a la naturaleza inmerecida de su objeto, sino que es fuerte y está llena de propósito. Está buscando el bien de otros, aún cuando no se lo merezcan y aún cuando no busquen el suyo. Es sacrificial.

Esta es una orden difícil de cumplir y es un llamamiento supremo, extremo, un llamado a ser como Dios. Si esto no nos hace detenernos, nos hemos sobrevalorado. Si realmente escuchamos este mandamiento, nos encontraremos rogándole a Dios que nos cambie cada vez más, para ser como él.

Jesús nos está diciendo que sus seguidores no pueden ser selectivos en su amor. No amamos con ágape para ganar acceso a Dios ni para ser recompensados por él, aunque él dice que lo seremos. Lo hacemos porque Dios lo hace. Lo hacemos porque "Nuestra amistad con Dios quedó restablecida por la muerte de su Hijo" (Romanos 5:10).

Lucas 6:37–38. Éstos versos han sido puestos constantemente fuera de contexto, se han usado para animar a dar dinero, pero de lo que Jesús realmente está hablando, es de mostrar compasión. Nos dice que en cambio de seguir los pasos de los fariseos y condenar a otros basándonos en estándares que ni siquiera nosotros podemos cumplir, debemos lidiar con nuestro propio pecado y mostrar compasión a otros. Y está diciendo que cuando usted da compasión generosamente a quien ha pecado contra usted, Dios le dará generosamente compasión cuando peque contra él. De hecho, su compasión hacia usted desbordará.

Lucas 6:39–42. Cuando Jesús instruyó a sus discípulos para que dieran compasión y se abstuvieran de juzgar, los fariseos y maestros de la ley estaban haciendo lo opuesto. En la región de Palestina, el agua era un bien precioso. La gente perforaba buscando agua y cuando no la encontraba, abandonaba los huecos como pozos, sin marcar. Las personas ciegas, que eran bastantes, se caían fácilmente en estos huecos lo que les causaba frecuentemente esiones catastróficas. Jesús advierte a aquellos que le están escuchando, que los líderes religiosos de esa época estaban ciegos espiritualmente y que si la gente los seguía, eventualmente serían también tan ciegos como sus líderes, lo cual los conduciría a su propia destrucción.

Jesús, el rey del cielo, pasó la prueba con Satanás en el desierto. Sanó a los enfermos, sacó demonios y llamó a hombres comunes para que fueran sus discípulos. Volteó el mundo al revés con sus enseñanzas, indignando a las autoridades religiosas y deleitando a los pobres y a los marginados. Vino a morir, a resucitar, a reinar. El rey siervo, vino a amarnos.

Preguntas para reflexionar

5. Jesús tiene el poder y autoridad absolutos sobre todas las cosas, inclusive sobre demonios y enfermedades. ¿Esto es algo que le da consuelo? ¿Algo de esto le produce miedo o incomodidad?

6. Después de ver a Jesús enseñar, sanar y haberlo llevado a la pesca más grande de su vida, Simón respondió con un "Señor, por favor, aléjate de mí; soy un hombre tan pecador." ¿Por qué cree que respondió de esa manera? ¿En sus encuentros con Jesús, alguna vez, se ha sentido así?

7. Los fariseos, o "los separados," estaban buscando al Mesías, sus reglas les impidieron ver que era Jesús. ¿Actualmente, en qué se parece usted a ellos?

8. Jesús cumplió la ley en la forma más profunda mostrando compasión y sanando en el día de descanso. ¿Por qué cree que esto hizo enojar a los fariseos? ¿Puede identificarse con esta reacción?

9. ¿Con cuál de los siguientes momentos en el reino al revés, necesita que su corazón se conecte: el llamado de los pescadores, la sanidad de los intocables, perdonando al paralítico, asociándose con los marginados? ¿Por qué?

Verso principal

¡Amen a sus enemigos! Háganles bien. Presten sin esperar nada a cambio. Entonces su recompensa del cielo será grande y se estarán comportando verdaderamente como hijos del Altísimo, pues él es bondadoso con los que son desagradecidos y perversos. Deben ser compasivos, así como su Padre es compasivo.

Lucas 6:35–36

Reflexiones, curiosidades, frustraciones:

Estudio 3

El rey compasivo

Lea Lucas 7–8

Preguntas de observación

1. Haga una lista de todos los detalles de la sanación del centurión en Lucas 7:1–10.

2. En Lucas 7:18–23 ¿a quienes envió Juan el Bautista a hablar con Jesús? ¿Cuál fue la respuesta de Jesús?

3. Haga una lista de los diferentes tipos de terreno y lo que cada uno representa en la parábola del sembrador (Lucas 8:4–15).

4. Haga una lista con los detalles de lo que sucedió en Lucas 8:49–56, cuando Jesús sanó a la hija de Jairo (quiénes estaban alli, qué hizo cada uno, qué dijeron, etc.).

Interpretación

En Lucas 6, Jesús estaba explicando cómo es la vida en el reino al revés. Ahora en el capítulo siete, mostrará como sería en el día a día.

Lucas 7:1–10. Las noticias acerca de los milagros de Jesús se diseminaban constantemente, por eso no es sorprendente que las historias hayan llegado a la casa del centurión. Habiendo estado inmerso en la cultura por algún tiempo, el centurión sabía cómo alcanzar a Jesús enviando ancianos judíos para pedir su ayuda. Observe los argumentos que le dieron para que fuera: el centurión era importante (verso 5). Comúnmente, esto es lo que nuestro corazón asume, merecemos que Dios haga cosas por nosotros. El centurión sabía la verdad, él no merecía nada de Jesús. También sabía que venir a la casa de un gentil como él, habría hecho ritualmente impuro a Jesús, así que en cambio de enviar por Jesús, el centurión le envió un mensaje. Como hombre de autoridad el centurión normalmente ponía hombres en acción usando la autoridad de su Palabra y dedujo que Jesús podría hacer lo mismo. Así como el centurión tenía autoridad sobre hombres, entendió que Jesús tenía autoridad sobre la enfermedad y la muerte. No tambaleó con incredulidad. Supo que Jesús podía hacerlo, lo pidió y Jesús se admiró de su fe.

Lucas 7:11–17. En este momento y lugar de la historia, para la viuda, la muerte de su hijo habría representado una sentencia de pobreza, había quedado sin ninguna oportunidad para ganarse la vida. Como si no fuera suficiente con el dolor de su corazón, sabía que muy pronto estaría pidiendo limosna para comer y probablemente no tendría un lugar donde vivir.

Cuando Jesús la vio, tuvo compasión de ella, esta mujer era parte de los pobres a quienes él había venido a proclamar las buenas nuevas (Lucas 4:18). Sintió compasión e hizo algo impensable: tocó el cuerpo. Tocar el cuerpo de un muerto habría representado para un judío permanecer impuro por siete días y necesitaría rituales de purificación para ser restaurado. Pero la situación se tornó aún más extraña, Jesús le habló al hombre muerto. Y así como con el siervo del centurión, la Palabra de Dios fue suficiente para restaurar la vida del hombre.

Estas dos historias de pérdida y redención, nos dicen algunas cosas acerca de Jesús. Primero, Jesús siente una compasión profunda. La palabra usada aquí para compasión es la más fuerte en el idioma griego. Él, quien conoció la gloria de los hombres en su estado real de alegría y gozo antes de la caída, ciertamente sintió inmensa tristeza cuando los vio navegar con gran dificultad a través de la bancarrota de este mundo.

Segundo, Jesús es un hombre tanto de palabras como de acción. No es ninguna deidad apartada, que permanece alejada del desorden de nuestras vidas.

Él sabe lo que implica el dolor de nuestras pérdidas y hace algo con ellas. Esta es la compasión de Jesús, una compasión que sana, que reúne a los que se aman y que retrocede la muerte. Esta es la compasión que eventualmente lo llevará a entregarse a sí mismo en una cruz, para hacer algo con todo el dolor, las pérdidas y el luto, para detener la procesión trágica hacia la tumba, de todos los que creen en él.

Lucas 7:18–30. Recuerde que poco tiempo después de bautizar a Jesús, Juan fue puesto en prisión por Herodes. El no había estado presente ni en los milagros ni en las enseñanzas de Jesús. Como la mayoría de Israel, esperaba un Mesías que pusiera en movimiento una serie de eventos con ejércitos marchando, gobiernos cayendo y un juicio seguro. Los informes que estaba escuchando acerca de Jesús no incluían nada de eso. Juan estaba confundido y desmotivado.

Los discípulos de Juan estuvieron en primera fila viendo la sanación que Jesús hacía de las enfermedades, plagas, ceguera y exorcismo de demonios. Jesús dejó que sus acciones explicaran su identidad. No estaba trayendo el reino esperado. En cambio de usar fuerza bruta y coerción, su reino sería gobernado por la compasión y el amor. Este era un desvío completo del paradigma, inclusive para aquellos que estaban esperando al Mesías.

Cuando se fueron los discípulos de Juan, Jesús le preguntó a la multitud, ¿vinieron a ver al desierto a un hombre como una caña débil sacudida por la más leve brisa? ¿O alguien vestido para una vida cómoda y fácil? No. Ustedes fueron a ver la línea divisoria entre una era y la siguiente. Las promesas se han convertido en realidad, el Mesías ha llegado.

Lucas 7:31–35. Los niños que pasaban sus días en el mercado, hacían actos teatrales y trataban de invitar a otros a que participaran tocando alegremente una flauta para la representación de una boda o un lamento para actuar un funeral. Cuando otros niños se negaban a actuar del modo que se les decía, se quejaban de ellos, acusándolos de no tener el deseo de actuar ni de una forma ni de otra. Las palabras de Jesús para esta generación no eran nada halagüeñas. Sin importar como Dios venía a ellos, solamente se quejaban y se negaban a escuchar. Ni Juan que se negaba a sí mismo ni Jesús que era indulgente, complacían a los fariseos. Sin embargo, de acuerdo con el verso 35, en cualquiera de las dos opciones, habría algunos que vendrían a Dios.

Lucas 7:36–50. Es muy probable que esta mujer hubiera sido prostituta y estaba acostumbrada a ser juzgada, a las miradas condenatorias, el señalamiento y los susurros. La mujer había venido con la intención de ungir los pies de Jesús con un perfume muy costoso, que equivalía a casi un año de salario. Quería expresar su amor y gratitud dándole a Jesús lo más valioso que tenía. La norma era vertir este tipo de aceite en la cabeza. Ponerlo en los pies de Jesús era una marca de humildad.

Simón que posiblemente era más un frecuente entretenedor de celebridades que alguien en búsqueda espiritual, se sentó a juzgar silenciosamente tanto a Jesús como a la mujer. No le había ofrecido a Jesús ninguna de las cortesías comunes que normalmente se daban a los invitados en la Palestina del primer siglo. Su invitación, tenía apariencia de respeto pero realmente era insultante. Por supuesto, Jesús lo sabía, así que contó una historia que fue directamente contra la petulante y arrogante actitud de Simon, una parábola que identificaba como deudores tanto a Simon como a la mujer. La mujer sabía lo mucho que le debía. Y sabía que no podría pagarle. Así como el deudor en la historia, la deuda del pecado de la mujer había sido cancelada por Jesús. Su respuesta fue una completa y total adoración que sobreabundó en gratitud y amor. Pero Simon pensó que sus buenas obras podían equilibrarse con las malas, que mediante el cumplimiento de la ley podría pagar su deuda. Él pensaba que era una "buena persona" y que su bondad era todo lo que se necesitaba.

Una vez más, Jesús estaba mostrando como era el mundo del reino al revés. Mientras que todo el mundo habría rendido honores a Simón por su estatus y sus buenas prácticas, Jesús enalteció a la mujer debido a su necesidad y sumisión. Mientras que Simon juzgó a la mujer y la descalificó, Jesús la exaltó y perdonó sus pecados. Mientras que los fariseos confiaban en su propia fuerza, acciones y prácticas, Jesús elogió a la mujer impura y escandalosa porque sabía lo mucho que necesitaba su perdón.

Lucas 8:1–3. Un grupo de mujeres ricas acompañaba a Jesús y a sus discípulos en los viajes de predicación por la región de Galilea. No era raro que líderes de sectas, psíquicos u otros hombres que viajaban en el mundo antiguo, tuvieran mujeres benefactoras, pero estas mujeres no solamente daban su dinero. El las había sanado de terribles aflicciones y ellas expresando su gratitud proveían para sus necesidades materiales y se convirtieron en sus compañeras de viaje. Mientras que los rabinos se negaban a enseñarles a las mujeres, por considerarlas inferiores, Jesús las incluyó como parte vital de la comunidad que servía y ministraba con él.

Lucas 8:4–15. La mayoría de parábolas son historias con significado obvio, no tan obvio y oculto. Las enormes multitudes que escuchaban a Jesús en ese momento, llegaban con diferentes motivos: algunos eran buscadores genuinos del Mesías que venía, otros creían que Jesús podría ser el próximo poder político, los que querían sanidad y los que venían a ver simplemente de qué se trataba tanto alboroto. Las parábolas fueron el método que utilizó para distinguir entre los buscadores genuinos de los otros miles. Los cuatro tipos de "terreno" estaban representados en la gran multitud a la cual estaba hablando.

Lo que Jesús quiere decir por "secretos" en el verso 9, hace referencia a una comprensión del reino que debe ser revelada por Dios mismo. Jesús dejó el significado de la parábola para sus discípulos. La semilla es la Palabra de Dios y la clase de tierra es la que importa. La Palabra de Dios en una tierra fértil, produce mejores cosechas. El fruto producido por la tierra fértil es la obediencia a la Palabra de Dios hasta el final, es continuar con perseverancia —no es continuar perfectamente, sino tener una vida que de frutos.

Lucas 8:16–21. La descripción que Jesús hace de la lámpara, es una continuación del tema del sembrador, motivándonos de nuevo a ser una tierra fértil. Nuestra receptividad a su enseñanza, determina que él escoja o no revelarnos más.

Pareciera que en los versos 19–21 Jesús estuviera negando a su familia o siendo cruel con ellos, pero no nos estaba diciendo que no amaba a su familia. Nos estaba mostrando que el reino de Dios vino antes que todo lo demás. Aquellos que compartieron su fe fueron aún más cercanos a él, que su familia terrenal.

Lucas 8:22–25. Algunos de estos hombres eran pescadores. Habían visto una que otra tormenta. Pero esta tormenta los asustó. Cuando la tormenta recrudeció y el agua comenzó a inundar el bote, Jesús estaba exhausto y dormía profundamente. Los discípulos habían visto lo suficiente de Jesús como para saber que lo necesitaban, así que lo despertaron. "Nos estamos ahogando" dijeron. Entonces Jesús reprendió los elementos. Y hubo calma. Tan fácil como eso. La Palabra de este hombre, Jesús, había detenido la violenta tormenta. Luego comenzó el temor real cuando consideraron, no el poder de la tormenta, sino de aquel que estaba parado con ellos en el bote.

"Entonces ¿quién es este?" se preguntaron el uno al otro. Esta es la pregunta central de Lucas. ¿Quién es este hombre? ¿Es el Mesías? ¿El ungido que había de venir? Pero pensamos que vendría a tumbar el gobierno con su poder. Pensamos que sería el líder de un ejército que acabaría con cualquier otro. Pensamos que veríamos condenación de todos, menos de los judíos. Este Jesús no estaba haciendo ninguna de esas cosas. Pero era el que sanaba enfermedades, exorcizaba demonios y resucitaba de la muerte hijos de viuda. Contaba historias que hacía aún más difícil seguirle. El ponía la obediencia a Dios incluso por encima de la lealtad a la familia. Y el viento y las olas escuchaban su palabra.

Lucas 8:26–39. Jesús y sus discípulos salieron de la tormenta y apenas habían pisado tierra cuando un hombre torturado poseído por muchos demonios salió a su paso. Observe que los demonios resolvieron claramente la pregunta que los discípulos habían hecho en el bote. ¿Quién era Jesús? Jesús era el hijo del Dios altísimo. Los demonios sabían que Jesús podía hacer lo que él quisiera con ellos. Así como el viento y las olas tuvieron que obedecer la Palabra de Jesús, lo hicieron los demonios.

Lo mismo que los discípulos cuando Jesús calmó la tormenta, la gente de la región reaccionó con temor. En cambio de darle la bienvenida a quien le había dado la libertad a su paisano, le pidió que se fuera. Por otra parte, el hombre liberado quería permanecer cerca de Jesús. Su amor y gratitud probablemente igualaban las de otros que habían sido sanados. Pero el llamado que Jesús le hizo a este hombre fue el siguiente: "ve a tu casa y cuenta lo mucho que Dios ha hecho por ti." En el otro lado del lago, Jesús había tenido cuidado de no declarar su identidad directamente. Pero a este hombre gentil, liberado de la tortura de Satanás, se la declaró rancamente.

Lucas 8:40–56. La demostración de poder y autoridad de Jesús no había terminado. Regresó de su viaje en el que atravesó el lago, a una multitud que lo esperaba. Dentro de la multitud venía Jairo, un gobernador de la sinagoga. Su única hija estaba muriendo. Este distinguido hombre se humilló a sí mismo frente a Jesús, se arrodilló y rogó. Así como los demonios, el hombre que había sido sanado, este padre vino desesperado. En momentos de necesidad real, no hay ningún mejor lugar donde estar, que rogando frente a Jesús.

Mientras tanto, una mujer lo seguía a hurtadillas a través de la multitud. Había tenido un sangrado durante 12 años y de acuerdo con la ley ceremonial judía, estaba impura. Probablemente, estaba viviendo aislada además de su el dolor físico. Ella creía que aunque si solo pudiera tocar a Jesús, tendría la posibilidad de ser sanada.

De pronto Jesús sintió algo. Es muy probable que la mujer haya tocado la borla que estaba pegada a su ropa, que había sido alcanzada sin su consentimiento. Inmediatamente fue sanada. Pero Jesús no la dejó escabullirse de la misma manera en que se había acercado a él. Comenzó a llamarla no porque no supiera quién era o lo que había sucedido, sino porque quería restaurarla. Esta mujer había sido sanada físicamente, pero necesitaba más que eso y Jesús lo sabía. Necesitaba ser restaurada a la comunidad y a la libertad. Jesús la hizo testificar de su pureza enfrente de todos. No sólo eso, la dignificó al llamarla hija. Las mujeres que Jesús conoció, lejos de ser consideradas insignificantes o de ser menospreciadas por él, fueron dignificadas por él, fueron llamadas a servir y tratadas con respeto.

Volviendo a la hija de Jairo. Ya era demasiado tarde; estaba muerta. O así parecía.

Jesús reconfortó al atribulado padre pidiéndole "que sólo creyera." Toda esta emoción debe haber sido borrada cuando entró a la casa. Era su única hija, yacía sin movimiento en su lecho de muerte. Jesús la tocó. Ésa era la segunda vez en un periodo de sólo algunos minutos que se volvió impuro. De acuerdo con la ley judía, tocar un cuerpo muerto era peor aún que tocar una mujer sangrando. Pero, Jesús iba a purificar a la niña. El poder de Jesús y de su Palabra fueron demostrados otra vez: "niña, levántate." En ese momento el espíritu que había dejado su cuerpo regresó.

Como lo había hecho una y otra vez, les dijo a los padres que guardaran silencio acerca de lo que había sucedido. Pero los que estaban alrededor de él habían visto fluir el poder de Dios a través de Jesús. Su poder estaba siendo demostrado donde quiera que iba. Había levantado varias personas de la muerte, expulsado demonios y calmado una tormenta. Todo esto lo hizo con su palabra. Sólo necesitó hablar para que las cosas fueran hechas.

Observe a este rey del cielo mirando con compasión a esta generación. El centurión, la viuda que perdió a su hijo, la mujer que lavó sus pies con el pelo, mientras que el orgulloso Simón se burlaba, la mujer con hemorragia en la multitud —todos recibieron su compasión. Éste que le habló al mar y a la tormenta, también vino por la mujer que estaba sufriendo y al necesitado centurión. Vino a morir, a resucitar, a reinar. Vino a amar, el rey siervo.

Preguntas para reflexionar

5. Las historias de Jesús sanando al siervo del centurión y levantando al hijo de la viuda, muestran el toque del hijo de Dios entrando en escena, sanando e identificándose con el dolor de su pueblo. Cuál de estos relatos de Jesús ha experimentado personalmente en su vida? ¿Cuáles desea experimentar?

6. En la escena en la casa de Simón vemos dos reacciones muy diferentes al mismo Jesús. ¿Por qué cree que esto sucede? De las dos reacciones, ¿cuál tiene en su corazón hacia él más frecuentemente? ¿Por qué?

7. ¿Qué encuentra interesante o sorprendente en la lista de mujeres que viajaban con Jesús? ¿Por qué?

8. La sanidad del hombre poseído por un demonio, nos expone a la batalla actual en el mundo espiritual que frecuentemente no vemos. ¿Esto la hace sentir incómoda o confundida?

9. Todo lo que se necesitó para sanar a la hija de Jairo fue la Palabra de Jesús, pero también utilizó su tacto. ¿Qué nos enseña esto acerca del deseo de Dios de entrar en formas palpables y presentes? ¿De qué la convence eso?

Verso principal

Los discípulos fueron a despertarlo: "¡Maestro! ¡Maestro! ¡Nos vamos a ahogar!" gritaron. Cuando Jesús se despertó, reprendió al viento y a las tempestuosas olas. De repente la tormenta se detuvo, y todo quedó en calma. Entonces les preguntó: "¿Dónde está su fe?" Los discípulos quedaron aterrados y asombrados, "¿Quién es este hombre?" se preguntaban unos a otros, "Cuando da una orden, ¡hasta el viento y las olas lo obedecen!"

Lucas 8:24–25

Reflexiones, curiosidades, frustraciones:

Estudio 4

El rey subversivo

Lea Lucas 9

Preguntas de observación

1. ¿Cuáles fueron las instrucciones de Jesús a los apóstoles, cuando los envió en Lucas 9:1–6?

2. Describa los detalles de lo que sucedió cuando a multitud de cinco mil personas fue alimentada (Lucas 9:10–17).

3. En Lucas 9:18–22 ¿qué decía la gente de quién era Jesús? ¿Quién dijo Pedro que era Jesús? ¿Cuál fue la respuesta de Jesús a esto?

4. ¿Cuál fue la respuesta de Jesús, cuando alguien dijo que lo seguiría adondequiera que fuera (Lucas 9:57)?

Interpretación

Lucas 9:1–3. Durante varios meses los discípulos habían escuchado las enseñanzas de Jesús, lo habían visto sanar a las multitudes, lo habían seguido a nuevos pueblos y a través del mar. El tiempo de observar había terminado. Junto con la autoridad para ejercerlo, el poder que los discípulos habían visto ejercer a Jesús ahora les había sido pasado a ellos. Éste fue el comienzo de su ministerio en el reino. Ahora ellos harían lo que Jesús había hecho. La misión de Jesús se convirtió en su misión. Su trabajo era proclamar el reino y sanar, cuidar tanto del alma como del cuerpo. Al haberlos enviado, Jesús también los estaba estaba preparando para enseñar y hacer discípulos después de su muerte. En este punto, estos 12 hombres no se podían imaginar semejante llamado. Pero Jesús quien siempre equipa a sus criaturas para los roles que desempeñarán en su obra , inclusive en este momento los estaba preparando.

La frase "los envió" en el verso 2 es una forma del verbo *apostellō*, de donde obtenemos la palabra apóstol. Éstos apóstoles fueron los enviados. Aparentemente había muchos que algunas veces iban de pueblo en pueblo recogiendo dinero a cambio de la proclamación de ideas, haciendo de ello una forma de vida decente. A diferencia de los predicadores viajeros que eran sus contemporáneos, los discípulos debían depender de Dios para suplir sus necesidades. Jesús les estaba enseñando a confiar, a esperar la provisión de Dios. Ése viaje fue diferente de otros viajes futuros en los que se les instruyó que llevaran provisiones. Para esta misión particular inaugural, debían depender completamente de la hospitalidad de sus coterráneos judíos, preparados por Dios para recibirlos.

Lucas 9:4–6. La casa que rechazaba el mensaje de los discípulos esencialmente rechazaba a Jesús y por lo tanto al reino. Como consecuencia venía juicio para ellos. Como señal de este juicio, los discípulos debían sacudirse el polvo de ese pueblo de los pies, una referencia a la práctica de algunos judíos que removían el polvo de sus sandalias cuando regresaban de áreas gentiles ceremonialmente impuras.

Lucas 9:7–9. La creciente popularidad de Jesús se sintió como una amenaza para la autoridad romana, Herodes. Los rumores que estaban circulando acerca de Jesús dejaron a Herodes confundido, sintiéndose amenazado por el crecimiento en los seguidores de Jesús pero también curioso y esperando verlo por sí mismo. Su pregunta refleja la que los discípulos preguntaron acerca de Jesús después de la tormenta: "Quién es este de quién se escuchan tales cosas?" Cada persona que se encuentra con Jesús, eventualmente tiene que responder esta pregunta.

Quién es Jesús? No hay una respuesta neutra. Ninguna casa podía permanecer sin decidir acerca del ministerio de los apóstoles. O los recibían y sustentaban su ministerio o los rechazaban y enfrentaban el juicio de Dios. Esto mismo, es verdad hoy. Nadie es neutro frente al rey que envió a los 12 discípulos. O estamos con él o estamos contra él, somos sus aliados o sus enemigos.

Lucas 9:10–17. Los discípulos regresaron de su primer viaje misionero, probablemente cansados y llenos de preguntas e historias. Jesús los llevó a un lugar tranquilo para descansar y reagruparse, pero las multitudes siempre necesitadas, lo seguían. Observe que les dio la bienvenida. Aunque su intención era estar solo con sus discípulos, no fueron ni una interrupción ni una molestia. Dios encarnado no se desanima por nuestras necesidades, al contrario, les da la bienvenida.

Cuando ya se hizo tarde, la gente se estaba poniendo hambrienta. Estaban en un lugar desierto y la respuesta natural de los discípulos fue enviar lejos a cada uno para que comprara su propia comida. Pero Jesús estaba empezando a enseñarles a sus seguidores cómo vivir una vida de dependencia en él. Todo lo que necesitaban para esta multitud era permanecer frente a ellos. Pero estos discípulos todavía no entendían la plenitud de la identidad de Jesús.

La provisión generosa de Jesús en este alimentación milagrosa recordó la provisión de Dios para los israelitas en el desierto; también fue una sombra de la Cena del Señor, que es un adelanto del banquete Mesiánico que vendrá. Esto fue un adelanto de la abundancia, provisión y dulzura del reinado de Jesús. Todo el mundo tuvo lo que necesitó para estar satisfecho.

Lucas 9:18–27. Los meses de enseñanza y ministerio habían llevado a este momento en el que los discípulos, con Pedro como su vocero, finalmente comprendieron. Cuando Jesús les preguntó quién pensaba ellos que era él, Pedro contestó con toda claridad que él era "el Mesías, el Cristo enviado por Dios", el ungido. Uno podría pensar que desde este momento en adelante los discípulos habrían entrado en total sintonía en el ministerio de Jesús. Desafortunadamente, aunque entendieron que él era el Cristo, el ungido, todavía no entendían la naturaleza de su rol. Cuando les dijo a sus discípulos que sufriría y sería asesinado, Jesús estaba corrigiendo sus expectativas de lo que el Cristo había venido a hacer.

La explicación de Jesús de su misión también tuvo implicaciones para sus discípulos. Si lo iban a seguir, sus vidas tenían que tomar la misma forma que la suya. Les estaba pidiendo entregarle el control de sus vidas, hacer un compromiso que los llevaría a ser rechazados y a viajar con el cuando hizo su llegada eventual a Jerusalén para morir.

Lucas 9:28–36. Jesús se había ido a un lugar apartado a orar y en medio de su comunión con Dios, su gloria brilló de forma deslumbrante. Dos hombres estaban con Jesús, Moisés y Elías. Moisés apuntaba hacia el pasado mientras que Elías apuntaba hacia el futuro. Moisés llevó a los israelitas fuera de Egipto en el Éxodo. Él era un tipo, una sombra de Jesús, quien liberaría al pueblo de Dios del poder del pecado. De hecho, en el verso 31, la palabra traducida como "salida", es exodon, que significa literalmente "éxodo". Jesús, Moisés y Elías estaban hablando acerca del éxodo que Jesús iba a llevar a cabo, cuando fuera a Jerusalén. Elías nos señala hacia el futuro, hacia el final del mundo. Habrá un éxodo final, cuando todo el pueblo de Dios será sacado del mundo quebrantado y de la atadura al pecado, hacia nuevos cielos y nueva tierra. Todo esto iba a ser asegurado a través de Jesús.

El deseo de Pedro de tratar a Jesús, Moisés y Elías como iguales, con tres tabernáculos iguales, reveló que todavía no había entendido la condición única, sublime de Jesús.[1] Jesús no era igual a nadie, excepto a Dios.

Lucas 9:37–43. ¿Por qué Jesús estaba molesto? Recuerde Lucas 9:1. "Y los llamó y les dio poder y autoridad sobre todos los demonios y para curar enfermedades..." Todos los demonios. Los discípulos tenían el poder, tenían la autoridad, tenían inclusive la experiencia. En el relato de Mateo acerca de este diálogo, Jesús les aclara a sus discípulos que no pudieron sacar los demonios "debido a su poca fe" (Mateo 17:20). Él les había dado autoridad, poder y no le creyeron, esto les provoca un fuerte regaño por parte de Jesús.

Lucas 9:44–50. Cuando los discípulos todavía estaban maravillados de la liberación del demonio, Jesús llamó su atención con algo que debe haberles parecido palabras confusas y extrañas: "el hijo del hombre está a punto de ser entregado en manos de los hombres". No "el Mesías está a punto de triunfar" o "el Cristo muy pronto cambiará el balance actual de poder". Al contrario, estaba diciendo que aquel en el que habían creído como el salvador enviado por Dios, estaba a punto de ser entregado por Dios, a aquellos que querían destruirlo. De nuevo, estaba moldeando sus entendimientos acerca de la naturaleza del Mesías. Pero

---

1. Robert H. Stein, Lucas: Una exposición exegética y teológica de las Sagradas Escrituras, vol. 24 del New American Bible Commentary, Serie de libros del Nuevo Testamento (Nashville, TN: Holman Reference, 1993), 285.

no entendieron, como se evidencia a continuación en su conducta: empezaron a discutir acerca de quién era el más grande.

Jesús volteó la idea distorsionada de grandeza, que los discípulos tenían en su mente. La grandeza es diferente en el reino de Jesús: no es una exaltación de sí mismo sino una exaltación de los otros. No se trata de ganar el mundo, sino de perderlo.

Lucas 9: 51–56. Los días de viajar alrededor de Galilea predicando y enseñando habían finalizado. Jesús estaba pasando a una nueva fase de su ministerio. Sería resucitado, pero primero tenía que ser asesinado. Si nosotras pensamos que él fue solamente una víctima y no un participante deseoso, debemos recordar estas palabras. Él se encaminó hacia Jerusalén, él escogió, él aceptó, determinó y resolvió. Jesús murió a propósito, por usted.

Es muy difícil sobreestimar el odio que existía entre judíos y samaritanos. Sus desacuerdos eran tan severos, que no extenderían la norma cultural de hospitalidad a nadie que viajara a adorar a Jerusalén. Inclusive, hay relatos históricos de samaritanos matando a judios que intentaban hacer su peregrinaje hacia Jerusalén. Los discípulos deseaban un juicio instantáneo para ese pueblo, una retribución inmediata por rechazar a Jesús. Pero Jesús quería darles tiempo. Mostró la misma paciencia que tiene hoy con nosotros. Nos da múltiples oportunidades de escuchar su evangelio y lleno de gracia demora su juicio.

Lucas 9:57–62. Jesús nunca minimizó el costo de ser discípulo. Su respuesta al que quería ser por primera vez su discípulo, reveló apenas uno de miles de muchos lugares en los que sus seguidores debían renunciar a cierta clase de comodidad; ni siquiera un lugar para dormir en la noche, estaba garantizado.

La respuesta de Jesús a la siguiente persona fue aún más chocante. Enterrar a un padre era la obligación más alta que tenía un judío, precedida solamente por la prioridad de cumplir un voto de Nazareo o de actuar como sumo sacerdote.[2] Pero Jesús estaba dejando claro que el reino debe ser siempre la más alta prioridad. El estaba haciendo un juego de palabras aquí. Obviamente alguien que está muerto no puede enterrar a otro. Jesús quiso decir que los muertos espirituales pueden enterrar su propio cuerpo físico. Los que no tienen parte en el reino podían llevar a cabo estas labores, pero los discípulos no podían emplear esa excusa para desobedecer. No debían retardarse para hacer lo que Jesús les decía que hicieran, sino que debían llevar a cabo la voluntad de Jesús donde y cuando les fuera solicitada.

Para el tercer hombre, Jesús usa una ilustración. Cuando un granjero dirigía los bueyes con su mano derecha, debía guiar el arado con su mano izquierda. Si miraba hacia atrás, el surco que estaba intentando crear para plantar semillas se torcería. Para Jesús, no había aprobación fde la expresión "Te seguiré, pero…" No es que se opusiera a que nosotros llevemos a cabo nuestras tareas acá en la tierra. Lo que estaba dejando claro es el hecho de que el reino de Dios debe ser nuestra primera consideración y paradigma para todas las decisiones.

Usando un pequeño almuerzo, el rey del cielo había mostrado de nuevo su gloria al alimentar una multitud de cinco mil personas, mostrando su brillo sobrenatural a algunos en la montaña. Pero el verdadero Mesías sufriría. Y Jesús se encamino hacia Jerusalén para hacerlo. Todos los que le seguían, debían hacer cuentas de lo que costaría su decisión. El vino a morir, a resucitar, a reinar. Vino a amarnos, el rey siervo.

Preguntas para reflexionar

5. Herodes pregunta algo que debemos preguntarnos a nosotras mismas: ¿Quién es este Jesús y cómo respondemos a él? ¿Quién dice usted que es él? ¿Por qué?

6. Jesús comienza a revelarles a sus discípulos, que la vida se trata de depender de él y de su capacidad para satisfacer todos los niveles de las necesidades humanas. ¿En cuál de ellos se está resistiendo a depender de Jesús? ¿Cómo puede empezar a hablar con él, acerca de eso?

7. Jesús estaba comenzando a darles nueva forma a las ideas que tenían, de lo que había venido a hacer Cristo y de cómo lo haría. Había venido a vivir una vida que lo llevaría al sacrificio, al sufrimiento y finalmente a la muerte. "Tomen su cruz diariamente y síganme"¿Qué significó esto para los discípulos? ¿Qué significa hoy para usted?

8. Después de que Jesús predice su muerte, los discípulos comienzan una discusión acerca de quién es el más grande de ellos. ¿Actualmente, en dónde se encuentra usted luchando de manera similar, con su estatus, su deseo de poder en lo que tiene que ver con su servicio a Dios y a su pueblo?

9. Jesús les dice a sus discípulos que el reino de Dios debe ser su más alta prioridad. ¿La intimida este llamado? ¿Le produce alegría?

Verso principal

Y reunió a los doce y les dio el poder y la autoridad sobre todos los demonios y para curar enfermedades, y los envió a proclamar el reino de Dios y a sanar.

Lucas 9:1–2

Reflexiones, curiosidades, frustraciones:

Estudio 5

El rey que ora

Lea Lucas 10–11

Preguntas de observación

1. Haga una lista de todos los detalles de la parábola del buen samaritano (Lucas 10:25–37).

2. Describa lo que sucede cuando Jesús interactúa con Marta y María (Lucas 10:38–42).

3. Después de que Jesús saca un demonio, cuál es la conversación que tiene con los que están observando lo que acaba de suceder (Lucas 11:14–23)?

4. En Lucas 11:37–52, cuando Jesús habla con los fariseos y los expertos de la ley religiosa, dice las palabras "qué aflicción les espera" seis veces. Haga una lista de las razones de esta aflicción.

Interpretación

Lucas 10:1–12. Éstos discípulos habían sido comisionados por el hijo de Dios para enseñar y sanar sobrenaturalmente. No fueron los doce discípulos originales sino hombres adicionales, lo que nos da una idea del número de personas que en este momento se habían unido a Jesús.

Jesús los envió con carácter urgente: no debían llevar sandalias de cambio, sino levantarse e irse; debían aceptar la hospitalidad de las personas que conocieran; no deberían preocuparse acerca de las leyes judías de los alimentos, sino comer cualquier cosa que les sirvieran; debían permanecer en acción, en cambio de demorarse en saludos largos por el camino. Debían dar sermones, debían predicar y demostrar la cercanía del reino de Dios.

Lucas 10:13–16. Estas son declaraciones de tristeza, desengaño, angustia y lamento de Jesús. El no desea juicio sino arrepentimiento. Él sabe que el juicio se aproxima y que será más severo para aquellas ciudades que lo han visto y oído porque serán consideradas responsables por lo que han visto y de todas maneras han rechazado. Muchas de nosotras hemos tenido años de estudio bíblico, sermones y otras enseñanzas de la palabra de Dios. Estamos llenas de recursos y oportunidades para entender quién es Jesús. Debido a esto, si lo rechazamos seremos juzgadas más severamente. Por otra parte, si vivimos en sumisión a Cristo, no perfectamente sino fielmente, tendremos hambre de conocerle más, de su Palabra y de su camino (y el saciará nuestra hambre perfectamente y fielmente). Ya sea que lo hayamos seguido por años o hasta ahora estemos dándonos cuenta de la riqueza de la exposición que estamos recibiendo, debemos arrepentirnos porque el reino de los cielos está cerca.

Lucas 10:17–20. Los setenta y dos, habían experimentado el poder del nombre de Jesús. Habían sido inspirados, animados por la obra que Dios había hecho a través de ellos. Es espectacular ver el poder y autoridad de Dios obrando en medio del quebrantamiento y la futilidad desesperanzada de este mundo.

La idea de Jesús no es tanto que sus seguidores puedan tocar serpientes y escorpiones —usados tradicionalmente como símbolos de maldad—sin sufrir peligro. En cambio, está declarando que los poderes que ellos representan, pueden ser y serán aplastados. La victoria es una certeza para los discípulos de Jesús.

En medio de la celebración y gozo de los discípulos, Jesús dice que finalmente la victoria señalaba hacía algo mucho más grande, algo de gozo perdurable. La palabra traducida como "están escritos" significa inscribir o incluir en un registro público, como en un censo. Jesús les está diciendo que sus nombres han sido inscritos en el registro del cielo. Algo que no puede ser alterado, que no se pierde. Esto, dice Jesús, es algo para celebrar.

Lucas 10:21–24. Le dio placer a Jesús no sólo que su Padre escogiera dar el regalo de la salvación, sino también la forma en que lo hizo. No fue dado sobre la base de la sabiduría, estatus, inteligencia o poder. No se le ofreció primero al estudiado o al orgulloso. Al contrario, fue dado a los humildes, los comunes, aquellos que no eran nada más que niños. ¡Qué forma diferente de distribuir el entendimiento! ¡Qué forma tan inesperada de multiplicar su misión y de dar a conocer su mensaje!. Muchas generaciones habían anhelado este momento, cuando Jesús finalmente fuera revelado como el único verdadero rey. Pero Dios escogió darles esta epifanía a los humildes, los promedio, los de mente sencilla. Este es el reino al revés, donde Dios se revela a si mismo en la debilidad de humanos ordinarios.

Lucas 10:25–37. Este experto de la ley religiosa estaba usando con Jesús un cuestionario de ortodoxia. Jesús le contestó su pregunta con una pregunta, algo que hizo al experto sentirse incómodo. El experto de la ley sabía la respuesta correcta, como cualquier judío devoto, repetía dos veces al día los dos textos que mencionó (Deuteronomio 6:5 y Levítico 19:18). La discusión habría terminado allí, pero quería justificarse asimismo para probar su justicia, para probar que tenía la razón. Quería que Jesús dijera que el alcance de su responsabilidad era limitado. Jesús le contestó con una historia que ilustró una vida de amor muy costoso.

A pesar de que el viajero abusado no tenía nombre, los que escuchaban debieron asumir que se trataba de un judío. Aunque los judíos generalmente no debían entrar en contacto con cuerpos muertos o impuros, toda la ley judía tenía como prioridad salvar la vida y aunque el hombre estuviera muerto, la ley judía demandaba un entierro apropiado. Por lo tanto, los dos primeros hombres—un sacerdote y un levita, descendiente de la familia sacerdotal de Aarón—no tenían excusa para no haber ayudado. Jesús escandalizó a quienes le escuchaban al incorporar al relato a un odiado samaritano.

El sacerdote y el levita se alejaron del problema y dolor del hombre lesionado, pero el samaritano tuvo compasión y utilizó los recursos que tenía para mostrar misericordia y reducir el dolor y peligrosa situación en la que se encontraba el hombre herido. Una y otra vez el samaritano dio en abundancia a su enemigo—no basado en su valor sino en su necesidad.

Lucas 10:38–42. María estaba sentada a los pies de Jesús, el lugar propio de un discípulo, aunque generalmente no el de una mujer: normalmente solamente los hombres tenían permitido aprender de un maestro. María escogió "la que vale la pena", literalmente la "parte buena". Por supuesto que las cosas que Marta estaba haciendo eran importantes. Marta no estaba haciendo nada malo al servir, pero estaba preocupada por sus tareas y por lo tanto perdiéndose la mejor parte —la oportunidad de sentarse a los pies de Jesús y escuchar sus palabras.

Lucas 11:1–4. De nuevo, Jesús se había apartado para orar. Una y otra vez los discípulos lo habían visto alejarse de todas las personas y orar. Estaba orando cuando la paloma descendió sobre él durante el bautismo. Oró la noche anterior a escoger sus discípulos. Estaba orando cuando ellos salieron primero en el bote para atravesar el lago. Llevó a Pedro, Juan y Santiago a la montaña a orar justo antes de la transfiguración. Lucas 5:16 nos dice que Jesús se retiraba frecuentemente al monte a orar.

Esta es realmente la única vez que se relata en este evangelio que los discípulos le pidieron a Jesús que les enseñara algo. Lo que les dio, no es una fórmula ni una guía para un rosario. Probablemente, no les quería decir solamente que repitieran las palabras de memoria sino que les dio un paradigma para la oración. Lo esencial era lo siguiente: la gloria de Dios y su reino deben ser nuestro primer deseo. Vivimos en dependencia de él. Esta no es solamente la forma de orar, sino la forma de vivir. Este es el camino para el discipulado.

La oración comienza con el deseo de que todos adoren a Dios como debe ser adorado, que le den el honor que debe recibir. Venir a él en la posición de obediencia y adoración que se merece. Cuando la gloria de Dios no es nuestro primer y más profundo deseo, es el momento de hacer una pausa, enderezarnos, realinearnos con la realidad y pedirle al Señor que lo haga.

La siguiente petición es que el reino de Dios venga. Estamos pidiendo que haya más personas que vivan en obediencia al rey bueno. Estamos pidiendo que el reino que fue inaugurado por el ministerio terrenal de Jesús, se extienda y se agrande por medio del Espíritu Santo.

Todo lo que necesitamos para cada día en este mundo viene del Padre. Así como necesitamos diariamente comida y otras cosas, necesitamos también confesar nuestros pecados y extender el perdón a otros diariamente.

La cuarta petición acerca de la tentación, no es una petición para que nos rescate de cada prueba. Al contrario, le pedimos a Dios que nos aleje de las cosas que nos pueden llevar a la destrucción, a alejarnos de él totalmente o a abandonar nuestra fe.

Lucas 11:5–10. Esta historia es una ilustración contrastante hecha para animarnos a orar. Si este hombre perezoso y reacio, responde a las necesidades de su amigo por su impertinente persistencia, ¿cuánto más responderá nuestro amoroso Padre que siempre está en sintonía a las necesidades de sus hijos? Dios no necesita ser convencido o animado. Nuestro pPadre escucha nuestra voz, espera escuchar de nosotros.

Lucas 11:11–13. Dios, así como el Espíritu Santo solamente da cosas buenas, el es el consolador, el consejero el que nos ayuda en cada momento. Hay cosas que sabemos invariablemente que son buenas —la salvación, el crecimiento en gracia tanto nuestro como de otros. Pero hay otras cosas que no son tan fáciles de discernir como buenas o malas. ¿Por qué sería malo pedir un ascenso, o que una persona amada siga con vida, o que Dios nos provea de cierta manera? Pero en nuestra limitada percepción, podemos sin saber pedir cosas que nos tentarán, nos harán daño o nos alejarán. Dios solamente nos dará cosas que sean para nuestro bien, nuestro bien final, que son el bien de nuestras almas y nuestra dependencia y amor por nuestro Padre.

Lucas 11:14–23. Jesús explica porqué es ilógico decir, como algunos lo hacían, que estaba usando el poder de Satanás. No, Jesús sacó los demonios por el poder de Dios. Satanás es el hombre fuerte en la parábola de Jesús. Pero gracias a Dios, él no es el hombre fuerte. Satanás ha sido vencido por Jesús, el más fuerte. Jesús habla claro acerca de estos dos reinos. Si usted no está trabajando para su reino, está trabajando contra él.

Lucas 11:24–28. La historia de Jesús aquí, enseña que la buena conducta no es lo mismo que la salvación. El hombre ha limpiado su vida, ha tomado algunas buenas decisiones, pero el vacío dejado por el demonio no ha sido llenado por el Espíritu Santo. En otras palabras este es un cambio superficial no una transformación espiritual.

Una mujer en la multitud, en su alegría y placer por lo que está escuchando, grita bendiciendo a la madre de Jesús. Pero Jesús le señala el mayor bien: el verdadero y profundo contentamiento que proviene de la obediencia fiel a su Palabra. Que esta sea la forma de encontrar nuestro contentamiento, cuando oramos de la manera que él nos enseñó, somos animados por sus palabras a permanecer en oración, y vivir en esperanza mientras esperamos que venga el reino de Jesús.

Lucas 11:29–32. Aunque hubo muchas señales —sanidades, la alimentación de cinco mil, la expulsión de demonios—los escépticos querían más. Pero Jesús sabía que no necesitaban señales, sino fe. Les negó más señales excepto la señal futura de Jonás. Así como Jonás permaneció enterrado en la ballena durante tres días y luego salió, de la misma manera Jesús sería enterrado en la tumba durante tres días y luego saldría.

Cuando Salomón fue rey, la reina de Saba viajó más de mil millas para saber si era verdad lo que había escuchado acerca de su riqueza y sabiduría sorprendentes (lea 1 Reyes 10:1–13). Ella declaró la gloria de Dios y lo bendijo por su amor hacia Israel. El pueblo en el tiempo de Jesús vio mucho más de la sabiduría natural de Dios en Jesús que lo que vio la reina en Salomón y sin embargo, aunque estaba frente a ellos, sus corazones endurecidos se negaron a ver a Dios. Por esto, serán juzgados.

Lucas 11: 33–36. Jesús, llamado en otra parte la luz del mundo (Juan 8:12), fue la lámpara que hizo brillar la luz del Evangelio a través de sus enseñanzas y milagros. Pero era la responsabilidad del que escuchaba, percibir y responder al mensaje de Jesús. También nosotras daremos cuenta por nuestra respuesta a la cantidad de luz que hemos recibido.

Lucas 11:37–41. El ritual del lavado de manos de los fariseos no era una práctica de higiene; era un rito para descontaminarse del contacto con pecadores, una práctica que no estaba prescrita por el Antiguo Testamento sino recomendada por la tradición oral. Jesús, los llamó hipócritas. Aunque parecían limpios por fuera, estaban llenos de suciedad por dentro. Ese era un ostentoso espectáculo que eran capaces de hacer, con un corazón totalmente podrido. Jesús dijo que en cambio de hacer esas demostraciones vacías y aparentes, deberían lidiar con la codicia y maldad que habitaba en su corazón.

Lucas 11:37–44. El resto de Lucas 11 contiene las seis exclamaciones para los fariseos de "qué aflicción les espera". Primero, su práctica del diezmo era como una burla de lo que debería ser una entrega de su amor por Dios y por otros. Segundo, insistían en una aclamación pública en cambio de entregar sus vidas por otros. Tercero, seguían minuciosamente cientos de leyes para no estar ceremonialmente impuros, pero eran espiritualmente impuros y por lo tanto conducían a otros a la muerte.

Los fariseos aparecieron como grupo, aproximadamente 150 años antes, para aprender la ley en minucioso detalle. Trataron de simplificar la ley a principios más manejables y prácticas que la gente debería cumplir. Hubo dos problemas con esto. Primero, se enfocaron exclusivamente en cuestiones externas que ignoraban los aspectos espirituales más profundos. Eran escrupulosos en "diezmar sobre el más mínimo ingreso de sus jardines de hierbas" (verso 42). Debemos recordar que Jesús criticó a los fariseos por relajar la ley, no por hacerla más estricta (ver Mateo 5:19–20). Segundo, en su intento por "simplificar" la ley, terminaron oscureciendo la ley de Dios, haciéndola mucho más compleja. No levantaron un dedo para ayudar a la gente a cumplir la ley, sino que obstaculizaron la entrada de otros al reino.

Lucas 11:45–54. Los maestros de la ley eran personas vocacionalmente religiosas, expertos en el estudio de la Torah. Ellos recibieron los últimos tres "qué aflicción les espera". Primero, hicieron imposible para la persona promedio, servir a Dios. Segundo, rendían honor a los profetas muertos, pero ignoraban su mensaje. Finalmente, ocultaban el significado esencial de la Palabra de Dios. Rebajaron la grandeza del amor del Dios creador por su pueblo a una lista que debía cumplirse. No solo no pudieron entrar al reino, sino que hicieron difícil para otros entrar.

A partir de este punto en el libro de Lucas, los escribas y fariseos buscaban una forma de atrapar a Jesús. Querían tener una acusación seria, que pudieran sustentar en la corte, para que lo condenaron. Allí los guió su endurecido corazón.

Una y otra vez Jesús sorprendió a quienes le escuchaban. Los setenta y dos no debían regocijarse en sus habilidades sino de que sus nombres estuvieran escritos en el libro de la vida. El astuto maestro de la ley debía amar a su enemigo, el Buen Samaritano. Los discípulos debían orar como Jesús les enseñó, simplemente como criaturas necesitadas, como el amigo desesperado a medianoche. Los fariseos fueron reprendidos una y otra vez. Este rey del cielo sorprendió a sus oyentes y nos sorprende si le escuchamos. Vino a morir, a resucitar, a reinar vino a amarnos, el rey siervo.

Preguntas para reflexionar

5. En la parábola del buen samaritano, el sacerdote y el levita se alejaron de la necesidad del hombre herido. ¿a quién ha estado mirando de lejos en su casa, lugar de trabajo, comunidad o país? ¿Por qué?

6. ¿Se siente sorprendida de que Jesús haya haya usado la historia de un hombre pidiendo limosna sin mostrar culpa, para demostrar como debe ser la oración? ¿Cómo transforma eso su manera de orar?

7. Jesús explica que cuando oramos a Dios, nuestro buen Padre, nos dará todas las cosas inclusive aquellas cosas buenas que en nuestro limitado entendimiento, no alcanzamos a ver. En la historia de su vida ¿qué le dificulta creer esta verdad? ¿Dónde necesita que Dios restaure su opinión de él como buen Padre?

8. Jesús redefine el concepto de bendito, es menos una conexión familiar y más tener la fe en la Palabra de Dios que dirige a la acción. ¿De qué manera cambia esto su opinión de lo que significa ser bendito?

9. Lo que comenzó como un intento de los fariseos de perfeccionar el seguimiento de la ley terminó desviandose hacia un legalismo ciego. ¿En su caminar con Dios, ha tenido una experiencia similar con el legalismo? Describa lo que le sucedió.

Verso principal

Ahora bien, ¿cuál de los tres te parece que fue el prójimo del hombre atacado por los bandidos? —preguntó Jesús. El hombre contestó: —Él que mostró compasión. Entonces Jesús le dijo: —Así es, ahora ve y haz lo mismo.

Lucas 10:36–37

Reflexiones, curiosidades, frustraciones:

Estudio 6

El rey que confronta

Lea Lucas 12–13

Preguntas de observación

1. En Lucas 12:22–34 ¿qué les dice Jesús a los discípulos, acerca de no estar ansiosos?

2. Haga una lista de los detalles que Jesús da en Lucas 12:35–48, de las diferentes conductas que los sirvientes tienen, mientras esperan por el regreso de su maestro. ¿Según lo que dice Jesús, qué le va a pasar a cada uno de ellos?

3. ¿Cuáles son las dos cosas con las que Jesús compara el reino de Dios en Lucas 13:18–21?

4. En Lucas 13:26–30, ¿Cuál dice Jesús que será su respuesta a las personas que piensan que su proximidad a él, es lo mismo que conocerlo? Por otra parte, ¿quién estará, en el reino de Dios?

Interpretación

Lucas 12:1–3. Las palabras de Jesús aquí, aunque ciertamente pasan desapercibidas para la multitud, van dirigidas a los discípulos. En estos últimos meses de su vida, estaba preparando a sus discípulos para lo que vendría: rechazo, persecución, duelo, amenazas de muerte, peligro, necesidades y pérdidas. Jesús sabía lo que les esperaba a sus amados discípulos, y sabe lo que nos espera a nosotras.

La mayoría de personas horneaba su pan para cada día y cuando la levadura empezaba a actuar se habrían imaginado un pequeño pedazo de masa creciendo lentamente. La "levadura" de los fariseos, que se abriría espacio entre cualquier grupo de personas, era la silenciosa tentación de ser una persona en público y otra en privado, hablar ciertas palabras al frente de un grupo pero cuando la gente se iba, a puerta cerrada, musitar lo que realmente creían. Jesús advierte que en el día del juicio, todas nuestras palabras y acciones ocultas serán llevadas a la luz.

Lucas 12:4–7. Jesús habló de manera franca acerca del infierno, no como un concepto sino como un lugar real, donde va gente real. Pero Jesús está hablando aquí a sus amigos cuando los llamó. Y aunque Dios tiene el poder de mandar personas al infierno, usa su inmenso poder e infinito conocimiento para el bien de aquellos que lo aman. Dios conoce cada persona en la tierra, más íntimamente que lo que ellos se conocen a sí mismos y todo ese conocimiento finalmente lo usa para su bien.

Lucas 12:8–10. Éstos versículos debieron causar en muchos creyentes una ansiedad innecesaria. A diferencia de Pedro, que más adelante en su vida negó a Jesús múltiples veces y luego fue restaurado, Judas es una mejor ilustración de este tipo de negación, la de aquel que nunca regresa a Jesús. La blasfemia contra el Espíritu Santo es llamar malo lo bueno, atribuirle a Satanás lo que Dios ha hecho, es una decisión permanente de rechazar a Jesús. Los creyentes que viven vidas de arrepentimiento y descansan en Jesús para su justicia, no necesitan tener temor de tropezar accidentalmente y caer en en este pecado.

Lucas 12:11–12. Jesús tranquiliza a sus discípulos diciéndoles que para que el Evangelio sea proclamado, el Espíritu Santo les dará las palabras en el momento exacto en el que las necesiten. Él les dirá qué hacer para el avance del reino.

Lucas 12:13–21. En cambio de decidir sobre este caso, Jesús pasa directamente al corazón, hablándole a la motivación del hombre —la codicia. El meollo de la historia era este: el hombre descansaba en sus riquezas, no en Dios. Para los cristianos occidentales que viven cómodamente, existe una constante tentación, creer que estaremos cómodos y cuidados a través de nuestras cuentas bancarias, trabajos con altos salarios, o herencias. El problema, no son las posesiones ni el dinero, es agarrarnos fuertemente de ellas y poner nuestra confianza en ellas, en cambio de hacerlo en Dios.

Lucas 12:22–34. Los siervos de Dios tendrán lo que necesitan y Jesús aclara esto, busquen las bendiciones del reino, en cambio de posesiones en la tierra. No debemos temer, Dios se deleita en darnos el reino mismo. Nuestras posesiones no se nos dan solamente para nosotros mismos y cuando damos para las necesidades de los demás, estamos creando una especie de "almacenamiento de riquezas" que va más allá de la tumba. Esta clase de tesoros no se envejece, no es robada ni pierde su valor. Las inversiones en esta tierra pueden dar pequeños dividendos por máximo ochenta o noventa años. Las inversiones en el reino, producen ganancias que nunca se acaban.

Jesús nos da la más importante razón para almacenar tesoros en el cielo: Nuestros corazones siguen nuestro dinero. Si nuestras más grandes y consistentes inversiones están representadas en hermosas casas, viajes, hijos o algo diferente al reino, adivine donde estará su corazón. Pero si nuestras inversiones están en construir el reino de Dios, nuestros corazones les seguirán.

Lucas 12:35–40. La cantidad creciente de verdaderos seguidores de Jesús pasó días, meses e inclusive años con él, cuando enseñaba y sanaba gente. Pero él sabía que se acercaba el tiempo cuando él ya no estaría y enfrentarían intensas luchas. Les contó historias acerca de lo que significa estar listos para su regreso y cuidar de su pueblo mientras lo esperan. Nosotros también, vivimos en el periodo entre la primera y la segunda venida de Jesús. Y por eso sus palabras nos instruyen a medida que lo esperamos.

Los siervos en la historia estaban alerta, preparados para abrir la puerta en el momento en el que llegara su maestro. De la misma manera, Jesús desea que estemos listas en todo momento para su regreso, estar a la expectativa y ansiosas por su regreso. Para aquellos a quienes el maestro encuentre alerta y listos, viene una fabulosa sorpresa. El maestro mismo servirá al siervo. ¡Es una increíble reversión de papeles! Exactamente cuando Jesús venga, pero esto no importa tanto, como el hecho de su venida.

Lucas 12:41–48. Jesús contesta la pregunta de Pedro con una historia. Cuando Jesús regrese, aquellos que sean fieles con el conocimiento y poder que han recibido serán recompensados con mucha más responsabilidad en su reino. Pero lo opuesto también es cierto. Aquellos que hayan sido irresponsables con el conocimiento y poder recibidos, serán castigados. De hecho, la persona que abuse en lo que sea o a quien sea que haya recibido para administrar, será severamente castigada y será puesta con los infieles debido a sus acciones, que demuestran que no son creyentes. Esto puede parecer una dura advertencia, pero recuerde que Judas estaba entre los discípulos. Estas chocantes palabras de Jesús no estaban dirigidas a los paganos o a las grandes multitudes; fueron habladas a sus seguidores y a sus discípulos. Fueron habladas por nosotras, Jesús no está diciendo que aquellos que cometan fallas terribles no podrán encontrar jamás el perdón; Pedro negó múltiples veces a Jesús y fue restaurado. Al contrario, esta es una advertencia porque somos siervas que debemos dar cuentas a nuestro maestro por lo que hacemos.

Lucas 12:54–56. Ahora Jesús fijó su atención en las multitudes, reprendiéndolas por no interpretar los signos de su enseñanza y milagros, como lo hacían con el clima. Estas eran las señales de Dios de la redención de Israel, habladas por el profeta Isaías (Isaías 61). Jesús anunció desde el comienzo de su ministerio (Lucas 4:18–19) que había sido ungido para predicar las buenas noticias a los pobres, traer libertad a los prisioneros, devolverles la vista a los ciegos y liberar a los oprimidos. Éstas eran las mismísimas cosas que había estado haciendo durante tres años en Galilea, señales claras del reino de Dios. Pero el pueblo no vio lo que señalaban, porque no quiso.

Lucas 12:57–59. Estas personas entendieron las deudas que tenían con los demás, pero Jesús les estaba diciendo que no habían entendido para nada sus cuentas con él. Estaban así como nosotras, endeudados espiritualmente con él debido a nuestros pecados. Le debemos una cantidad que es imposible de pagar, lo cual nos deja solamente dos opciones: estar de acuerdo con Dios acerca de nuestra inmensa deuda y rogar por misericordia o negarnos a arrepentirnos y pasar la eternidad pagando.

Lucas 13:1–5. Las personas de la mayor parte del primer siglo, creían que las cosas malas le pasaban a la gente mala y las cosas buenas le pasaban a la gente buena. Se creía que el sufrimiento era un resultado del pecado personal. Las recientes tragedias tenían a los oyentes de Jesús pensando que las víctimas mortales, eran posiblemente más pecadores que otros y que sus horribles muertes eran juicio de Dios. Jesús les dijo claramente que no, no eran peores pecadores que otros. Y luego les dirigió la verdadera pregunta: y qué acerca de ustedes? La realidad es que todas las personas están llenas de pecado y se merecen cosas malas, así que la pregunta es,¿morirá usted a causa de su pecado o se arrepentirá y será salvado de la muerte eterna? Jesús contestaba frecuentemente de esta manera cuando las personas preguntaban acerca del pecado de otras, les devolvía la pregunta para hacerles ver su propio pecado. Hoy, hace lo mismo con nosotras.

Lucas 13:6–9. Israel ya había dejado de producir fruto por un tiempo. Era más que justo que el dueño del viñedo diera la orden de arrancar el árbol cuando no tenía fruto. La petición por un año más, es una imagen de Dios mostrando su misericordia y paciencia. La nación de Israel necesitaba responder rápidamente o enfrentar el juicio. Aunque no hay una razón para su compasión o salvación, Dios siempre busca el fruto. No somos salvos por nuestras buenas obras, pero las buenas obras son una evidencia de nuestra salvación.

Lucas 13:10–17. Jesús vio a la mujer, la llamó y la sanó. Fue solamente su compasión la que comenzó esta obra. Él había venido por personas como ella, pero el administrador de la sinagoga no mostró esa compasión. Jesús como ya era su costumbre, no se ahorró palabras. ¿Cuál era el verdadero sentido del día del descanso? ¿Cumplir las órdenes del reglamento hecho por los fariseos? No, Jesús explicó. Era demostrar "la compasión de Dios", era prodigar descanso, refrigerio y sanidad. El día de descanso, como mínimo, era el día más indicado para sanar.

Lucas 13:18–21. El reino ya estaba presente en el ministerio de Jesús. El reino había llegado con su enseñanza y sanidad,. La sanidad de la mujer encorvada fue una evidencia de eso. Aunque aparentemente insignificante —una mujer sanada en un día—era señal de un comienzo, una semilla. Una semilla de mostaza era pequeña, pero el resultado final era gigante. Un poquito de levadura parecía no tener importancia, pero impregnaba suficiente masa como para hacer pan para cien personas. El énfasis en estas parábolas, no está necesariamente en el proceso de crecimiento, sino en el contraste entre un comienzo muy pequeño y un final dramático. Así es como el reino trabaja. Puede parecer débil, frágil y trivial al comienzo. Puede parecer que está escondido, que es simple, que es fácil de ignorar. Pero el resultado final es notorio, transformador e inevitable.

Lucas 13:22–27. En cambio de una puerta ancha que daba la bienvenida a la mayoría de los judíos, Jesús estaba describiendo una puerta angosta, a través de la cual no serían capaces de entrar muchos y que eventualmente se cerraría. Los que estaban afuera de la puerta podrían comenzar a discutir con Jesús, explicándole su familiaridad con él. Pero tratar a Jesús como un conocido no salvaría a nadie. De hecho, a menos que su respuesta fuera apropiada, Jesús dice que los trataría como a extraños. El mismo peligro existe para nosotras hoy. Podemos asumir que seremos salvas gracias a nuestra familiaridad con Jesús, la Biblia, la iglesia y la actividad religiosa. Podemos entender verdades teológicas e inclusive estar de acuerdo intelectualmente. Pero la fe salvadora no es lo mismo que acumular conocimiento intelectual. Únicamente cuando reconocemos nuestra necesidad desesperada de la obra individual, salvadora de Jesús en nuestras vidas, entraremos a través de la puerta angosta.

Lucas 13:28–30. "Llorar y rechinar de dientes", serán señales de frustración y decepción, una reacción a las chocantes noticias de que los líderes religiosos estaban equivocados acerca de su presunción del favor de Dios. Serán una imagen de los primeros (los judíos, que esperaban ser parte del reino de Dios), siendo los últimos y los últimos siendo los primeros (los gentiles, extraños que no esperaban formar parte del reino).

Lucas 13:31–33. Herodes pensó que simplemente podría asesinar a Jesús y eliminar cualquier riesgo de disminuir su popularidad en Galilea. Pero Jesús había comenzado una misión cuando fue concebido por el Espíritu Santo en el vientre de María, su madre, una misión que no podría ser frenada. Él llevaría a cabo su ministerio exactamente de la manera que lo había planeado. Dios, no Herodes, decidiría cuando y como moriría Jesús. Jesús había comenzado su rumbo hacia

Jerusalén. Cuando habla como profeta acerca del rechazo de Israel, comienza el punto de no retorno en el viaje de Jesús. Él sabía lo que le esperaba al final de este camino. Caminó directo hacia su sufrimiento en Jerusalén, amando, enseñando y sanando a lo largo del camino.

Lucas 13:33–34. Somos testigos aquí del lamento de Dios sobre una ciudad. Vemos su anhelo, su dolor, escuche la agonía en su voz cuando se lamenta por el rechazo. Pero Jerusalén y gran parte de Israel no lo aceptarían. Ni siquiera reconocerían su necesidad de un salvador. Consistentemente rechazaron arrepentirse, a pesar del cuidado de Dios y su ofrecimiento de salvación.

Siendo el rey sobre cualquier persona en cualquier lugar del mundo, la autoridad de Jesús le habría permitido condenar y castigarnos de una vez por todas. Pero siendo el rey generoso y paciente del reino al revés, nos ofrece lo que les ofreció a los que se encontraban a lo largo del camino hacia Jerusalén: la oportunidad de arrepentirnos y hallar protección de la ira venidera de Dios. Nos invita, nos ruega, anhela que entremos por la puerta angosta en respuesta a su invitación de arrepentirnos.

La enseñanza de Jesús fue difícil. Enseñó acerca del infierno, reprendió a aquellos que acumulaban para este mundo en cambio de hacerlo para el siguiente y les dijo a sus seguidores que estuvieran siempre listos, que no ignoraran las señales que eran totalmente evidentes. Reprendió a Israel por no producir fruto y se lamentó por la ciudad de Jerusalén. Pero también enseñó en parábolas acerca del reino, sanó a una mujer en el día del descanso y prometió tesoros que no se perderían. Este rey de los cielos no se parecía en nada a los maestros religiosos de su día. Vino a morir, a resucitar, a reinar. Vino a amarnos, el rey siervo.

Preguntas para reflexionar

5. En cambio de guiar a las personas hacia Dios, los fariseos se convirtieron en una barrera para conocerlo. ¿En qué momento ha experimentado esto? ¿En qué momento lo ha hecho?

6. Al meditar en las palabras de Jesús, en las que dice que nuestro corazón se inclina hacia aquello en lo que gastamos nuestro dinero o hacia aquello que atesoramos, ¿qué área de sus gastos personales viene a su mente? ¿Cómo sería, prácticamente, el cambio hacia invertir más en el reino?

7. ¿Con qué frecuencia piensa o espera el regreso prometido de Jesús? ¿Qué significa para usted estar lista?

8. Jesús elimina la creencia popular de su día y de nuestros días, de que cosas buenas le suceden a la gente buena y cosas malas a la gente mala, demostrando que todas las personas son pecadoras y que necesitan la salvación ¿qué parte de esta creencia, de la que deba arrepentirse, ha tenido?

9. Después de haber estudiado y reflexionado acerca de este pasaje de Lucas, ¿cómo ve la invitación y anhelo de Dios por nuestro arrepentimiento? ¿En qué cosas queda cuestionándose y pensando que necesita estudiar más?

Verso principal

¡Oh, Jerusalén, Jerusalén, la ciudad que mata a los profetas y apedrea a los mensajeros de Dios! Cuántas veces quise juntar a tus hijos como la gallina protege a sus pollitos debajo de sus alas, pero no me dejaste. Y ahora, mira, tu casa está abandonada. Y no volverás a verme hasta que digas: "Bendiciones al que viene en el nombre del Señor."

Lucas 13:34–35

Reflexiones, curiosidades, frustraciones:

Estudio 7

La búsqueda del rey

Lea Lucas 14–16

Preguntas de observación

1. Describa los detalles de lo que sucedió en la parábola del gran banquete (Lucas 14:12–24).

2. ¿Qué dice Jesús acerca de lo que debe hacer alguien que quiera ser su discípulo? (Lucas 14:26–27)

3. En la parábola del hijo pródigo, ¿qué hizo el hijo menor y cuál fue la respuesta de su padre? ¿Qué hizo el hijo mayor y cuál fue la respuesta de su padre?

4. ¿Qué sucede en la historia del hombre rico y Lázaro?

Interpretación

Lucas 14:1–6. Los fariseos le habían puesto una trampa a Jesús. Estaban observándolo, esperando que cometiera un error teológico. Pusieron a propósito frente a Jesús a un hombre que tenía inflamación de los brazos y las piernas. Dieron por descontado el hecho de que la compasión de Jesús, lo llevaría a sanar a ese hombre en el día del descanso, pero Jesús conocía sus corazones. Antes de sanar al hombre, Jesús les preguntó a los maestros de la ley y a los fariseos, si estaba permitido sanar en el día del descanso. Si hubieran contestado que sí, habrían ido en contra de sus enseñanzas rabínicas, puesto que sanar en el día del descanso solamente estaba permitido cuando la vida estaba en peligro y este hombre podría haber sido sanado otro día. Si decían que no, habrían sido vistos como crueles e inhumanos. No existía nada en el Antiguo Testamento que prohibiera sanar en el día de descanso. Los argumentos de Jesús acerca de la bondad hacia los niños y los animales en el día del descanso era irrefutable. Les estaba mostrando el verdadero significado del día del descanso y el amor de aquel que lo había creado.

Lucas 14:7–11. Jesús no estaba hablando únicamente acerca de los modales en la mesa. Su ilustración era una descripción de lo que significaba seguirlo a él como rey. Esta era la etiqueta del reino —Promover a otros, antes que a si mismo. Qué sistema de valores tan profundamente diferente al del mundo que siempre nos está recordando que debemos promovernos a nosotros mismos, ponernos de primeras y asegurarnos de que todo el mundo entiende nuestra importancia. Jesús, al contrario, nos enseña que es responsabilidad de Dios mejorar nuestra reputación. Como seguidor de Jesús el camino hacia arriba es bajando, la exaltación la decide el Señor, no empujando nosotros hacia arriba.

Lucas 14:12–14. La expresión "no invites" estaría mejor traducida si dijera "deja de invitar continuamente".[1] En cambio de invitar solamente personas que podían devolver su atención, Jesús les dijo a quienes le escuchaban, que invitaran a aquellos que nunca podrían devolver la atención. Entonces, en cambio de que su invitación fuera pagada con otra de su amigo, tendrían un pago de Dios en la resurrección. Pero éste no era un grupo cualquiera de personas que Jesús estaba recomendando a los fariseos invitar. En Levítico 21, Dios dio una lista de aquellos que no tenían permitido entrar en el lugar Santísimo—los lisiados, los ciegos y los cojos. La misma lista de personas a la que Jesús hizo referencia cuando dijo que fueran invitados. Estaba sucediendo algo nuevo. Jesús estaba ordenando que los excluidos fueran incluidos, por causa de él.

¿Había cambiado Dios su manera de pensar, acerca de quién podía estar en su presencia? ¿Estaba cambiando la ley de Dios? Absolutamente, no. Los requisitos para estar en la presencia del Señor seguían estando vigentes, pero ahora había uno que podía cumplirlos perfectamente. Debido a la vida libre de pecado de Jesús (y su eventual muerte y resurrección), el acceso a la presencia de Dios estaba garantizado para todo el mundo, en todas partes.

Lucas 14:15–24. Jesús había proclamado la presencia del reino y ofreció una y otra vez, una invitación para pertenecer al mismo, cuando enseñaba y sanaba en la sinagogas. Pero los líderes judíos se negaron a aceptarla repetidamente.

En cambio de responder con arrepentimiento y fe, trataron de atraparlo. Éstos hombres que creían que iban a tener los mejores lugares en el banquete final de Dios ya no tendrían ni siquiera una silla; sus sillas serían entregadas a otros. El plan de Dios de llenar su casa, no sería frustrado por la negación de los judíos

---

1. Robert H. Stein, Lucas: Una exposición exegética y teológica de las Sagradas Escrituras, vol. 24 del New American Bible Commentary, Serie de libros del Nuevo Testamento (Nashville, TN: Holman Reference, 1993), 390.

endurecidos de corazón. En cambio, los gentiles, los quebrantados los ciudadanos de segunda clase, tomarían sus lugares en la fiesta. Este es el gran cambio. Éste es el reino al revés.

Lucas 14:25–33. En este punto, las palabras de Jesús no estaban siendo dirigidas a los fariseos, tampoco a los discípulos, sino a las multitudes. Ser su discípulo tenía un costo y Jesús quería que las multitudes lo consideraran cuidadosamente antes de comprometerse con él. Primero, les dijo, deben odiar a los demás (relativamente). Jesús no les estaba enseñando a odiar a sus familias ni a su papá ni a sus hermanos. Estaba diciéndoles que su amor por todos los demás palidecería en comparación con su amor por él, tanto que parecería odio. Los discípulos están llamados a considerar su relación con Jesús por encima de todas las demás. Debemos depender de Jesús más que de nuestro mejor amigo, esposo o mamá. Nuestro llamado es buscar su reconocimiento y alegría por encima de todo, haciendo de él nuestro más grande amor.

Segundo, debemos cargar nuestra propia cruz. Jesús se refería siempre a la negación de sí mismo, cuando hablaba acerca de la cruz. Responder a la invitación de Jesús, significa seguirlo en el sufrimiento y en el servicio. El discípulo no está por encima de su maestro y el maestro fue crucificado.

Lucas 14:33 nos introduce al tercer requisito para pertenecer al reino de Jesús: renunciar a todo lo que tenemos. Esto no significa que todos los discípulos deben entregar o vender todo lo que tienen. Algunos fueron y son llamados a una vida semejante, pero no la mayoría. Este es un llamado a reconocer quien es realmente el dueño de todas las cosas. Siempre debemos estar conscientes de que nosotros no somos dueños, sino administradores de nuestro dinero, nuestras cosas, nuestra familia e inclusive de nuestros cuerpos.

Si estamos conscientes de alguna manera de nuestros propios corazones, estos requisitos parecerán imposibles. Nuestras almas egoístas y llenas de orgullo, se retuercen con el pensamiento de ser rechazados por nuestras familias. No queremos tener nada que ver con el sufrimiento o la negación de nosotras mismas. Y ciertamente amamos creer que somos nuestros propios maestros, libres de dirigir nuestras vidas y recursos para nuestro propio placer. Vivir vidas de total rendición, deseosas de sufrir y de servir a otros en cualquier momento, es imposible en nuestra propia voluntad. No podemos pagar el costo del discipulado, no podemos permitirnos el lujo de servir a este rey. Pero este es el reino al revés. Este es el rey siervo que nos amó tanto que dejó por nosotras su posición a la derecha del Padre. Este rey cargó deseosamente su cruz, para que nosotras no tuviéramos que hacerlo.

Si no somos útiles, como la sal que no sala, seremos desechadas. No hay lugar para la pérdida de tiempo en el reino de Dios. Usted es o bien un aliado o bien un enemigo, ya sea construyendo el reino o trabajando en contra de él.

Lucas 15:1–2. No ignore la última frase del capítulo 14: el que tenga oídos, "oiga". Ahora lea el verso que sigue: ¿quién tuvo oídos para oír? Los cobradores de impuestos y los pecadores. Éstos eran los marginados, los inaceptables, los ciudadanos de segunda clase a los ojos de los judíos. Éstas eran las personas que regularmente pasaban tiempo con Jesús.

Nuestro Dios es un Dios que ama buscar a la gente que está perdida. Lo hace deseosamente, con gran entusiasmo, gozosamente. Y cuando los halla, no puede menos que celebrar. Éste capítulo completo, demuestra la persistencia de Dios al buscar personas espiritualmente perdidas y su alegría cuando las encuentra.

Lucas 15:3–7. Las ovejas son animales tontos que literalmente no pueden sobrevivir sin un pastor. Pero ir a buscar una oveja perdida no es un trabajo despreciable hecho por un pastor apático. Esta es una labor de gozo. Observe el placer del pastor cuando encuentra su oveja perdida. Llama a la gente a unirse para una celebración. De la misma manera, Dios se regocija cuando un pecador regresa a él a través de Jesús, o a través de uno de los discípulos de Jesús. "En el cielo" es otra forma de hablar de Dios. Nuestro Dios hace fiesta cuando un pecador se arrepiente; así de importante es para él cada persona.

Lucas 15:8–10. Al perder una moneda, esa mujer había perdido una décima parte de sus ahorros. Cuando la encontró, ella, así como el pastor, llamó a otros a reunirse para regocijarse con ella. Jesús explicó la parábola con su descripción de Dios regocijándose, cuando un pecador se arrepiente. Ver a las personas volverse de su pecado hacia él, lo llena de alegría. Es una causa de celebración. Los fariseos y maestros de la ley no entendían semejante gozo. Al contrario, estaban furiosos de que Jesús se asociara con alguien que no fuera como ellos. Pero Lucas explica el gozo de Dios al buscar y encontrar a los perdidos, para que podamos compartir con él y unirnos a ese gozo. Nuestro evangelismo puede ser motivado por ese mismo gozo. Debemos buscar al perdido y gozarnos al encontrarlo, de la misma manera que Dios lo hace.

Lucas 15:11–19. Cuando el hijo menor pidió su herencia, fue como si dijera a su padre, "desearía que estuvieras muerto". Pero el padre accedió y el hijo menor tomó lo que su padre había ganado y lo despilfarró.

Confrontado porque se le acaba el dinero y por la hambruna, se sintió tan desesperado que comenzó a trabajar con cerdos, un trabajo que era impensable para un judío. Frecuentemente, cuando estamos necesitados y solos, entramos en razón, finalmente somos conscientes de nuestra verdadera desesperación. En este caso, el muchacho se volvió de su vida miserable y vacía entendiendo completamente su culpa. Entendió que había perdido el derecho a ser tratado como un hijo, así que practicó un discurso esperando poder evitar la ira de su padre y ganar la posición de un sirviente. Esta es la imagen del arrepentimiento, no hay excusas, no hay explicaciones. Lo único que el hijo le trae a su padre es necesidad y esperanza de compasión.

Lucas 15:20–24. Antes de que el hijo pudiera siquiera finalizar su discurso, el padre, quien había corrido a abrazarlo, lo cubrió con besos y abrazos. No hubo castigo para su amado hijo. Al contrario, se le puso la túnica que generalmente se daba a un invitado de honor. Se le pusieron sandalias que no eran utilizadas por sirvientes o esclavos sino solamente por hombres libres. El ternero que había sido guardado para alguna ocasión especial, fue sacrificado para que pudieran hacer una fiesta. El día anterior, su hijo habría podido morir en un país lejano sin encontrarse con él y ahora en contra de toda esperanza había regresado. El padre estaba extasiado. Así es como Dios les da la bienvenida a los pecadores, con alegría y con una fiesta, con una felicidad sobrecogedora y celebración.

Lucas 15:25–32. No conocemos ningún detalle de la relación del padre con su hijo mayor, durante los años en que el hijo menor estuvo ausente, pero su reacción a la fiesta que hace su papá nos habla cantidades de lo que había en su corazón.

El parecido del hijo mayor con los fariseos y escribas es inconfundible. No tenía ni idea del privilegio que había recibido toda su vida. No deseaba asociarse con el irresponsable y culpable hermano menor. Pensó que se había ganado todo lo que tenía, estaba lleno de orgullo y superioridad moral, desdeñaba a cualquiera que no hubiera mantenido sus estándares. La gran inversión de papeles estaba sucediendo otra vez: el hijo menor quien estaba perdido ahora hacía parte de la fiesta, mientras el hermano mayor miraba desde afuera. Ésta misma inversión de papeles estaba sucediendo ante los ojos de las multitudes. Los marginados y pecadores que tenían oídos para oír estaban entrando al reino, mientras que Israel solamente podía mirar con rabia y desprecio. A través de la parábola, Jesús, inclusive en estos momentos estaba llamando silenciosamente a los fariseos a hacer parte de la fiesta. Todo lo que se necesitaba era que reconocieran su necesidad de un salvador, que tenían a través de Jesús.

Lucas 16:1–9. Éste capítulo completo puede ser comprendido, si captamos antes el concepto de la mayordomía. Como todo lo que poseemos le pertenece a Dios, somos simplemente mayordomos de nuestras casas, carros, dinero, fondos mutuos y aún de nuestros cuerpos. Dios nos ha dado el uso temporal de las cosas y nosotros actuamos como administradores de sus posesiones, durante nuestras vidas. Debemos administrarlas de acuerdo con la sabiduría de Jesús.

Jesús se volvió hacia los discípulos, contándoles la historia del administrador astuto. El hombre iba a ser despedido. Mientras tanto, ideó y planeó. Concluyó que ganándose el favor de los deudores, haría amigos que le ayudarían cuando ya no tuviera trabajo. El maestro, no estaba recomendando la inmoralidad del administrador, sino su astucia. Jesús explicó la parábola de esta manera: los no creyentes algunas veces son más astutos al planear su futuro, que los creyentes. Así como el administrador astuto planeó su futuro, los hijos de la luz (creyentes) deben planear su futuro —las bodas del Cordero. Deben administrar sabiamente sus posesiones en anticipación de su eternidad. Esto puede sonar a ganarse la salvación por obras, específicamente siendo un buen administrador; no es así. Jesús estaba hablando aquí a los creyentes, los que ya habían sido salvos por fe. En este pasaje, no estaba enseñando el camino hacia la salvación, Jesús les estaba diciendo a los creyentes, que fueran astutos al planear su futuro celestial, así como los no creyentes planean sus futuros terrenales. Su astucia debería reflejar una vida de arrepentimiento y un corazón que produce fruto.

Lucas 16:10–13. Al administrar cosas pequeñas estamos siendo sometidos a una prueba de fuego acerca de cómo administraremos cosas grandes. Si no podemos administrar sabiamente las cosas de Dios en esta tierra, ¿por qué él nos daría riquezas verdaderas?—¿posesiones en el cielo? Estamos trabajando hacia la meta final de poseer cosas aquí (lo cual nunca lograremos realmente) o allá en el cielo.

Podemos servir al dinero o a Dios, no a ambos. Podemos estar preocupados con el "ahora" de las riquezas terrenales o el "después" de la recompensa celestial.

Lucas 16:14–18. Los fariseos daban a los pobres con regularidad, pero lo hacían para ser vistos por otros y para tener una buena reputación en la comunidad. Los fariseos y los escribas amaban la ley más que cualquier otra cosa, pero si realmente la hubieran entendido habrían utilizado su riqueza para compartirla con aquellos que estaban en necesidad. Las personas que los rodeaban estaban entrando al reino, mientras que los fariseos rechazaban una y otra vez a Jesús. Si realmente querían obedecer la ley, necesitaban abrazar completamente a Jesús, a quien toda la ley apuntaba. Porque nada de la ley, ni siquiera una de las pequeñas líneas o puntos que diferencian una letra hebrea de la otra, cambiaría jamás. Toda sería cumplida en Cristo.

¿Por qué Jesús empezó repentinamente a enseñar acerca del matrimonio y el divorcio? Probablemente, estaba usando esto como un ejemplo de que la ley no cambiaría. Los rabinos regularmente enseñaban que un hombre podía divorciarse de su esposa por cosas insignificantes. Las palabras de Jesús hablan de la intención original de la ley, que el hombre y la mujer deberían permanecer juntos como uno solo.

Lucas 16:19–31. La enseñanza de Jesús acerca de la mayordomía, continuó con la parábola del hombre rico y Lázaro. Jesús cambió el orden esperado de las cosas y le dio al hombre pobre un nombre, mientras que el hombre rico permaneció sin él. Aún más, el gran cambio había tenido lugar, aquel que no tenía nada en la tierra era rico en el cielo, mientras que aquel que tenía tanto, estaba en tormento totalmente consciente viviendo su agonía. Las palabras del gran sermón de Jesús estaban siendo cumplidas. Regrese a su enseñanza en Lucas 6:20–21 y 24–25. El gran cambio del reino al revés había sucedido.

Esto no es una historia de un hombre rico que va al infierno porque era rico y un hombre pobre que va al cielo porque era pobre. El hombre pobre recibió lo que cada uno de los que se arrepienten de sus pecados y cree en Jesús recibirá —vida eterna con Dios en un lugar de paz y gozo. El hombre rico había recibido de parte de Dios grandes cantidades de dinero para cuidarlo mientras estaba en la tierra. Pero su falta de compasión con Lázaro reveló un corazón endurecido, que no se había arrepentido. Esta es una dura advertencia para aquellos de nosotras a quienes Dios nos ha dado cualquier clase de riqueza. Debemos recordar siempre, que solamente somos administradores y que algún día responderemos a nuestro maestro, el real propietario.

Aquellos que leyeron originalmente el evangelio de Lucas seguramente pensaron en la muerte y resurrección de Jesús cuando leyeron los versículos 30 y 31. Él había resucitado de los muertos y sin embargo la mayoría de Israel no lo creyó. Los que habían sido parte de la nación de Israel, se habían convertido en extraños, mientras que los gentiles (los no israelitas)habían encontrado su camino al reino. Más del gran cambio estaba sucediendo.

Jesús había vuelto su rostro hacia Jerusalén, enseñando a lo largo del camino, dando la bienvenida a las multitudes, comiendo con cobradores de impuestos y pecadores e instruyendo a sus discípulos. El reino de los cielos estaba cerca, una fiesta había sido planeada y todos estaban invitados. El reino al revés había venido en Jesucristo. Su llamado a aquellos que vivían entonces, es el mismo que tenemos nosotras ahora: vengan, tome su cruz y síganme. Vino a morir, a resucitar, a reinar. Vino a amarnos, el rey siervo.

Preguntas para reflexionar

5. En Lucas hay tres relatos de Jesús sanando en el día del descanso y enfrentando la ira y resistencia de los líderes religiosos. ¿En qué ocasiones ha deseado ser más "justa" que compasiva?

6. Ser discípulo es costoso, requiere negarse asimismo. ¿Qué parte de este llamado se le hace difícil?

7. ¿Qué nos revelan las tres palabras parábolas en Lucas 15 (la oveja perdida, la moneda perdida y el hijo perdido), del corazón de Dios buscando a sus hijos perdidos?

8. La mayordomía, es el trabajo de supervisar o cuidar de algo. Es menos acerca de lo que usted tiene o no tiene y más acerca de lo que usted hace con lo que le ha sido entregado. Pensando en eso, ¿de qué manera esta parábola del hombre rico y Lázaro la llama al a arrepentimiento?

9. El reino al revés que Jesús está trayendo es el gran cambio. Su estatus religioso o la riqueza no lo llevan en el cielo, únicamente el arrepentimiento y el creer en que Jesús puede hacerlo. ¿Cómo se puede relacionar con los falsos evangelios y falsas creencias en los que ha confiado para ser salva, diferentes a la obra de Jesús?

Verso principal

De la misma manera, ¡hay más alegría en el cielo por un pecador perdido que se arrepiente y regresa a Dios que por noventa y nueve justos que no se extraviaron!

Lucas 15:7

Reflexiones, curiosidades, frustraciones:

Estudio 8

El llanto del rey

Lea Lucas 17–19

Preguntas de observación

1. ¿Qué cosas dice Jesús acerca del pecado, en Lucas 17:1–4?

2. Cuando Jesús estaba hablándoles a los fariseos en Lucas 17:20–21, ¿cómo describe el reino venidero de Dios?

3. En Lucas 18: 9–14, compare la conducta del fariseo con las palabras del recaudador de impuestos en el templo. De acuerdo con lo que dice Jesús, ¿quién está justificado en esta parábola? ¿Por qué?

4. Describa lo que hace Jesús cuando entra a Jerusalén (Lucas 19:28–48)

Interpretación

Lucas 17:1–6. Jesús se vuelve hacia sus discípulos. Primero, les da una advertencia acerca de la tentación. Las cosas que nos tientan a pecar están a nuestro alrededor, pero Jesús protege particularmente a los nuevos y/o frágiles creyentes, "los pequeños." Sería mejor tener una piedra atada alrededor del cuello y arrojarse al mar, que enfrentar las consecuencias de ser el causante del tropiezo de alguno de ellos.

Paso seguido, indica cómo vivir en comunidad como cristianos. Inevitablemente pecaremos el uno contra el otro. En cambio de retirarnos o alimentar nuestra ira, Jesús nos manda a confrontar a aquellos que han pecado contra nosotros. Confrontamos a esa persona, para que eventualmente podamos perdonarla, así como nuestro Padre lo ha hecho con nosotros una y otra vez.

Tercero y tal vez en respuesta al mandamiento de Jesús de perdonar al hermano tantas veces, los apóstoles piden más fe. Pero Jesús quiere que usen la fe que ya tienen. Les explica que lo que importa no es la cantidad de fe sino el objeto de su fe.

Lucas 17:7–10. Los siervos no devengan salarios especiales por hacer su trabajo. La expectativa de vivir bajo la autoridad de otros, es una obediencia consistente. Como creyentes vivimos bajo la autoridad del Señor. Debemos adherirnos a sus reglas, sus deseos, sus patrones. Debemos servir a aquel que nos salvó de la manera que él lo pida.

Lucas 17:11–14. Los leprosos que encontró Jesús, debían mantener una distancia segura de cualquier persona que no estuviera infectada con lepra. Llamaron a Jesús esperando obtener su atención. Habían escuchado que él era alguien que les podía ayudar y se sentía urgencia en sus palabras. Eran personas desesperadas, solitarias, aisladas que tenían suficiente fe como para llamar a un extraño que pudiera tener el poder de ayudarlos.

Jesus los vio y les pidió aún más fe. De acuerdo con la ley del Antiguo Testamento, para que alguien fuera declarado totalmente sanado, debía ser certificado por un sacerdote y ser declarado "puro", pero Jesús hablaba de estos hombres como si ya estuvieran sanos. Les estaba pidiendo que creyeran y caminaran hacia el sacerdote. Y cuando caminaban hacia el sacerdote, fueron sanados.

Lucas 17:15–19. Imagine la alegría y el alivio cuando estos hombres descubrieron que su enfermedad los había dejado, que la razón de estar aislados, en la pobreza y sufriendo había cesado. A los diez hombres se les entregó el milagro de la sanidad, pero solamente uno consideró el origen. Este hombre hizo la conexión: Dios estaba actuando a través de la persona que tenía frente a él, Jesús. Su respuesta fue adorarle.

Luego Lucas arroja la bomba: el que regresó a dar las gracias era un samaritano. Los judíos tenían la ley que hablaba de Jesús, los profetas que hablaban de él y los salmos que cantaban acerca de él, pero lo ignoraron. Solamente el samaritano entendió y alabó apropiadamente.

La ingratitud de los otros nueve leprosos nos muestra que las personas pueden recibir la gracia común de Dios —las cosas buenas que Dios le da a toda la humanidad—y todavía no saber quien es él ni adorarlo. Parece ser que el leproso grato recibió también la gracia que salva de la muerte eterna. Jesús le dijo, "tu fe te ha sanado". Los diez hombres buscaron la ayuda de Jesús, los diez fueron sanados cuando iban caminando con fe hacia el sacerdote; pero solamente uno se salvó. Ser receptor de los regalos de Dios, no es lo mismo que tener la salvación.

Lucas 17:20–21. Los fariseos habían estado rodeados por las señales del reino. Sin embargo, no pudieron ver que el reino había llegado. Jesús les dijo, "el reino de

Dios está entre ustedes". Está en medio de ustedes, cerca de ustedes. De hecho, es como si estuviera de pie al frente suyo. Aquí tenemos una de las doctrinas más útiles de nuestra fe: la definición del reino de Dios, del ya—pero todavía no. Está obrando y está presente pero todavía no totalmente cumplido. Sólo al final de los tiempos, cuando Jesús regrese como rey, el reino alcanzará un estado de perfección y total cumplimiento.

Lucas 17:22–25. Jesús sabía que vendría un tiempo después de su muerte y resurrección en el que los discípulos desearían su regreso. Él sabía que algunos proclamarían haber visto su regreso, pero estos sólo serían anuncios falsos. Su regreso, su regreso real, será visto por todo el mundo, como un relámpago que cruza todo el firmamento. Será imposible perderse del regreso de Jesús al final de los tiempos, no será en secreto.

Lucas 17:30–37. Cuando Jesús regrese la segunda vez, será tan inesperado como el diluvio para la gente en los días de Noé o la destrucción de Sodoma en los días de Lot. En ese momento, no tendrá sentido tratar de preservar la vida acá en la tierra. Jesús no se ahorra palabras cuando habla acerca de su segunda venida. Nosotros los que le pertenecemos a él, no tenemos nada que temer de ese día, sino que podemos anticipar la gozosa reunión con nuestro rey. Pero nos rodean aquellos para los que será un shock, un trauma abrumador seguido por la terrible certeza de que viene solamente miseria para ellos. Este será un tiempo truculento, lleno de muerte. El tiempo para estar seguros de que estamos del lado de Jesús, es ahora. Cuando venga ese gran día, será demasiado tarde.

Lucas 18:1–8 Aquí continúa la escena que dejamos al final del capítulo 17. Cuando Jesús regrese intempestivamente, la gente estará teniendo vidas comunes y corrientes, y debemos estar listos. Jesús habla de en una parábola que debemos orar al mismo tiempo que estemos esperando. Específicamente, instruye a sus discípulos en cómo orar por justicia. La viuda molestó al juez, enojándolo a tal punto que él le respondió únicamente para liberarse de ella. Esta mujer necesitada, suplicó sin cesar a un juez endurecido y sin Dios, que le garantizara justicia. Jesús nos instruye a hacer lo mismo con el único juez perfectamente justo. A medida que caminamos a través del sufrimiento y esperamos soportando el dolor, el regreso de Jesús, debemos orar y no darnos por vencidas. Vivimos en un tiempo del ya pero todavía no, entre la primera venida de Jesús y su gloriosa segunda venida. Mientras esperamos, no debemos parar de pedir justicia, ya sea para nosotros o para alguna otra persona oprimida o que carezca de poder.

Vienen a la mente las minorías, los niños, los refugiados, la iglesia perseguida y una miríada de personas sin voz. Mientras esperamos, debemos vivir con ellos dependiendo de la justicia de Dios.

Lucas 18:9–17. Éstos dos hombres se acercaron a Dios de manera totalmente diferente. El fariseo, se paró en el templo haciendo alarde de su maravilloso carácter moral, confiado en sus propias acciones. El recaudador de impuestos, le rogó a Dios por misericordia, debido a su propio pecado sabía que no se la merecía. Solamente uno —el recaudador de impuestos—salió justificado, perdonado y listo para estar de pie frente a Dios. No es nuestra bondad ni nuestra disciplina lo que gana nuestra justificación; es solamente la misericordia de Dios.

Lucas 18:18–30. El líder pensó que él sus acciones serían suficientemente buenas. Pero Jesús fue más allá de las obras del hombre y penetró en su corazón idólatra. Jesús deseaba que el hombre dependiera de él, no de su dinero. Esto fue demasiado para él y se fue triste. No es una orden para cada persona que desea la salvación vender todo lo que tiene. Éste fue un llamado a un hombre específico, a quien se le pidió poner de lado sus ídolos y creer en Jesús para satisfacer sus necesidades. Jesús quería el corazón del joven, su total confianza. Jesús sabía que la riqueza del hombre era lo que se interponía en el camino, así que le pidió que las dejara.

Jesús está utilizando una hipérbole para hacer un punto: así como es imposible, literalmente imposible, que un camello (el objeto vivo más grande conocido en esa época, en el cercano Oriente) pase por el ojo de una aguja (el hueco más pequeño conocido en ese momento), así también es imposible que una persona rica entre al reino de Dios. Los discípulos quedaron consternados. Si el rico, en su posición privilegiada, no podía ser salvo, entonces ¿quién podría? Este es exactamente el punto que Jesús está haciendo. Nadie puede salvarse asimismo.

Pedro y los otros discípulos habían dejado sus hogares, trabajos y familias. No tenían nada más de qué depender, excepto de Jesús. ¿Qué sería de ellos? Jesús les contestó con el cálculo salvaje del reino. Cualquiera que deje algo o alguien amado por el reino, recibirá mucho más en recompensa. Dios les dio a sus discípulos una familia espiritual a través de la familia de creyentes que se unieron en el transcurso del viaje, siguiendo a Jesús. Ganaron hermanos y hermanas, casas para quedarse cuando iban camino hacia Jerusalén e hijos y primos espirituales en un número mayor mucho mayor que el de sus propias familias biológicas. Éste es el punto, a lo que sea que usted renuncie por el reino, vale la pena. Dios ve su sacrificio y lo recompensará.

Lucas 18:31–43. Dios era el director pleno de propósito de las semanas y meses finales de la vida de Jesús. Jesús tenía claridad acerca de su llamado y caminó deseosamente hacia Jerusalén. Los discípulos no entendían nada de esto. Todavía no habían comprendido el llamado del siervo sufriente. Así que, Jesús no solamente tuvo que cargar con la anticipación de su agonía; tuvo que hacerlo solo.

Como un faro de esperanza, el mendigo ciego, se encuentra en yuxtaposición con el hombre rico y el fariseo orgulloso. Por el evangelio de Marcos, sabemos que su nombre era Bartimeo. Era completamente consciente de su necesidad y sin ninguna vergüenza llamó a Jesús para que le ayudara. Vivía exactamente lo que Jesús decía tanto en la historia del vecino a la medianoche (Lucas 11:5–13) como la viuda persistente (Lucas 18:1–8). Llamó a Jesús "hijo de David", un título mesiánico, el mismo título que después llenó de ira a los fariseos cuando, al entrar a Jerusalén, los niños lo utilizaron para referirse a él en su canción. El fariseo era orgulloso, tenía satisfacción en si mismo y se olvidó de su necesidad. Bartimeo era humilde, estaba desesperado y clamó por ayuda. El El joven líder rico se fue triste. Bartimeo brincó de alegría en respuesta a Jesús.

Lucas 19:1–10. Es seguro que el Espíritu Santo había estado trabajando en Zaqueo. Desde el punto de vista mundano, tenía todo lo que uno puede desear. Era el jefe de los cobradores de impuestos. Es difícil exagerar la corrupción que conllevaba en ese momento esta ocupación.. A través de los años, Zaqueo se enriqueció robando de otros. Los judíos lo odiaban por eso. Era considerado un traidor a su propio pueblo, un marginado, un pecador —exactamente la clase de persona que Jesús parecía escoger.

Jesús miró a Zaqueo, lo llamó por su nombre y se invitó a su casa. Esto por supuesto enojó profundamente a cada uno de los que estaban cerca de él. Todavía no entendían la clase de gente con la cual Jesús generalmente socializaba. Pero algo estaba sucediendo en el corazón de Zaqueo: su fe estaba naciendo. Respondió a Jesús en arrepentimiento verdadero, cambiando sus prácticas, desagraviando a quienes había ofendido. Ese fue el camello que pasó a través del ojo de la aguja, el hombre rico que fue salvado —imposible hasta que Jesús lo hizo posible. Él era uno de los perdidos que Jesús había venido a buscar y a salvar. Debido a su fe él también fue considerado un hijo de Abraham.

Lucas 19:11–27. Jesús, usando palabras claras y en múltiples ocasiones, había tratado de explicarles a sus discípulos lo que le sucedería en Jerusalén —que sería torturado y asesinado. Sin embargo, ellos continuaban pensando que Jesús lideraría una toma de poder militar o una rebelión política. A medida que se aproximaban a la ciudad, Jesús les dijo esta parábola para que entendieran que no estaba apunto de tomar el poder ni de reinar como un rey terrenal, sino que los dejaría a cargo de la iglesia.

En la parábola, el noble encargó a sus sirvientes su dinero, esperando que aumentaran sus ganancias. Los sirvientes odiaban al noble y no querían que reinara sobre ellos, de la misma manera en la que los judíos rechazaron repetidamente a Jesús y a su ministerio. El hombre retornó y llamó a cuentas a sus sirvientes. La recompensa para los dos primeros sirvientes por haber administrado el dinero, fue darles aún más responsabilidad. Pero el último hombre escondió el dinero, sin entender que le había sido dado para hacer de él un buen uso para el rey. El Señor en el presente, se para frente a nosotros y nos hace el mismo encargo: debemos usar nuestros dones espirituales, habilidades, dinero, poder y posiciones que tenemos en esta tierra para la causa del crecimiento del reino. Nuestra recompensa en los nuevos cielos y la nueva tierra, será que el rey nos encomendará aún mayor autoridad y responsabilidad. Los que se resisten a someter sus recursos a Jesús mientras esperan por su regreso serán juzgados eventualmente por él.

Lucas 19:28–40. Los discípulos de Jesús han estado esperando por este momento. Le han observado hacer milagros, han escuchado sus enseñanzas, han sido testigos de sus enseñanzas acerca de la oración y de su sorprendente intimidad con Dios, su Padre. Estaban convencidos de que él era el Mesías, el que habían estado esperando. Y ahora creían que había llegado finalmente el momento para que todos los demás vieran quién era, celebrar y alabar a Dios, cuando Jesús viniera a comenzar su reino en Jerusalén. Por eso gritaban, cantaban y aclamaban con gozo. Debe haber parecido un desfile victorioso cuando se acercaron ruidosamente a la ciudad.

Los fariseos entendieron —Jesús entrando a la ciudad en un burrito que nadie había montado antes, las prendas de los discípulos extendidas en el suelo, las alabanzas de la multitud a un rey —y esta vez no pasaron por alto el significado. No era nada menos que la entrada mesiánica a la ciudad de Sion profetizada en las Escrituras. No es de extrañarse que le hayan dicho a la multitud que se callara. Pero Jesús los dejó cantar y gritar. Esencialmente, dijo "aunque ustedes no lo sepan, las piedras de este camino saben quien soy yo y si la gente de acá no me alaba, las piedras lo harán".

Lucas 19:41–44. El contraste entre lo que sucedía con la multitud y la emoción exhibida por Jesús, es asombroso. Mientras había gritos triunfales de júbilo y de victoria de los discípulos que le rodeaban, Jesús comenzó a llorar, sollozando. Cuando vio la gran ciudad de Jerusalén, sollozó porque venía su destrucción. No habría paz en Jerusalén. El Príncipe de Paz la había visitado y había sido rechazado por los líderes religiosos. Debido a esto, venía juicio. Esto provocó grandes olas de compasión y desilusión en Jesús.

Lucas 19:45–48. No fue el intercambio de monedas por la venta de animales lo que enfureció a Jesús fue, donde lo estaban haciendo. Se habían ubicado en la única área del templo, donde se les permitía a los gentiles orar. Isaías 56:7 se refiere al templo como un lugar donde todas las naciones podían orar y ofrecer sacrificios a Dios. Pero estos mercaderes les quitaron a todos los no judíos, el lugar asignado para adorar y comunicarse con Dios. Esto provocó una fuerte ira en Jesús.

Jesús había venido a la ciudad de la paz para establecer su reino, pero no el reino que esperaban los discípulos y algunos otros. El rey siervo había venido intencionalmente a Jerusalén para ser rechazado y asesinado por aquellos que han debido reconocerlo y adorarlo. Aún ahora, Jesús nos invita a confiar en él y a entrar a la paz con Dios.

En el reino de Jesús, los leprosos fueron sanados y el samaritano fue el que se devolvió a agradecerle. Jesús prometió un regreso inesperado, pero mejor que cualquier otra cosa que pudiera ser entregada en esta vida. Jesús vino para que hubiera un camino a Dios. Vino a morir, a resucitar, a reinar. Vino a amarnos, el rey siervo.

Preguntas para reflexionar

5. Jesús envió a los leprosos al sacerdote como si ya estuvieran puros, y fueron purificados en el camino. ¿En qué aspecto de su vida, está Dios pidiéndole que confíe en él y en sus palabras antes de que su obra sea evidente? ¿Qué le parece más difícil de esto?

6. Jesús utilizó un juez injusto y una viuda persistente, para enseñar a sus seguidores cómo orar, específicamente cómo orar por justicia. ¿Es así como usted ora? ¿En qué áreas de la justicia la está llamando a interceder el Señor?

7. El líder joven rico creyó en su riqueza. ¿En qué confía usted de la misma manera o más de lo que confía en el Señor? ¿Cómo se verían su arrepentimiento y cambio en esta área?

8. Al reflexionar sobre la agonía que Jesús sabía que iba a enfrentar completamente solo en la cruz, ¿cuál es su respuesta?

9. Piense acerca del precioso momento y de todo lo que la Escritura cumplió cuando Jesús montó en un burro entrando a Jerusalén. ¿Qué le parece más glorioso de este momento?

Verso principal

Un día, los fariseos le preguntaron a Jesús: —¿Cuándo vendrá el reino de Dios? Jesús contestó: —No pueden descubrir el reino de Dios por medio de señales visibles. Nunca podrán decir: "¡Aquí está!" o "¡Está por allí!" porque el reino de Dios ya está entre ustedes.

Lucas 17:20–21

Reflexiones, curiosidades, frustraciones:

Estudio 9

El rey soberano

Lea Lucas 20–22

Preguntas de observación

1. ¿Qué sucede en la parábola de los agricultores malvados (Lucas 20:9–18)?

2. En Lucas 21:5–19 Cite algunas de las cosas que Jesús dijo que sucederían antes de que venga el fin. Haga una lista de algunas de las respuestas que él espera de los que estaban escuchando.

3. En Lucas 22:24–30 ¿qué les dice Jesús a sus discípulos cuando discuten acerca de quién es el más grande? ¿Qué le dice a Simón Pedro en los versos 22:31–34?

4. En Lucas 22:39–46 ¿cuál es la conversación de Jesús con su Padre? ¿Qué les dijo a sus discípulos?

Interpretación

Lucas 20:1–8. Los que tenían el poder entre los judíos habían hecho su decisión: Jesús debía morir. Pero tenían que hacer un plan. Primero, los representantes del sanedrín, la corte más alta de justicia de los judíos, cuestionaron a Jesús acerca de sus enseñanzas. Estaban tratando de hacerle cometer lo que ellos denominaban blasfemia, cuando admitiera que su autoridad venía de Dios.

Pero Jesús estaba seguro de su identidad como el hijo de Dios y de su llamado a morir en Jerusalén. Él sabía que estaban tratando de atraparlo, así que aumentó las expectativas al preguntarles acerca de Juan. Los líderes estaban bloqueados. Si decían que el bautismo de Juan era del cielo, ellos admitían su desatino al no creerle. Si decían que el bautismo de Juan era de los hombres, temían ser apedreados por la gente, el castigo por llamar a un verdadero profeta de Dios un falso profeta. Jesús los había burlado. Su única opción era alegar que no sabían.

Lucas 20:9–18. Jesús utilizó una parábola con imágenes extraídas de Isaías 5:1–7, para explicar la relación entre Dios e Israel. El viñedo era un lugar de bendición que pertenecía a Dios, se lo había prestado a Israel para que lo cuidara y lo atendiera. Dios envió a sus sirvientes, los profetas, como mensajeros de Israel. Cada uno de ellos fue maltratado.

Dios, siendo el propietario, tenía todo el derecho de condenar a los arrendatarios después de haber tratado tan mal al primer sirviente, fue paciente. Siendo compasivo, Dios envió más mensajeros y eventualmente envió a Su hijo a quien ellos matarían. Su muerte significaría que el viñedo bendito sería pasado a otras manos.

Los líderes judíos entendieron que Jesús estaba hablando de ellos y de quitar la bendición de Israel y dársela a los gentiles fuera de Israel. Esto era impensable para ellos y dijeron "¡imposible!" Luego Jesús citó el salmo 118:22, explicando que el que fuera rechazado por los judíos se convertiría en el más importante en la iglesia —el nuevo Israel de Dios. La piedra angular mantuvo juntas dos paredes que se interceptaban y garantizó su estabilidad. Jesús era la piedra angular puesta por Dios.

Lucas 20:19–26. Los escribas y sacerdotes principales intentaron otra táctica. En cambio de tratar por sí mismos de atrapar a Jesús, emplearon espías que fingieron ser justos y estar interesados en las enseñanzas de Jesús. Los espías pensaron que podrían agarrar a Jesús cuando escogiera la lealtad a uno u otro —el gobierno o Dios, pero así como había hecho durante la conversación acerca del bautismo de Juan, volteó la torta hacia ellos. La respuesta de Jesús explicó que somos ciudadanos de la tierra y del cielo al mismo tiempo. Respetar nuestras autoridades del gobierno terrenal hace parte de lo que significa respetar y someterse a Dios.

Lucas 20:27–40. La pregunta de los saduceos fue ingeniada para mostrar la tontería de la idea de la resurrección. Con el ejemplo ridículo de la mujer con siete esposos, los saduceos pensaron que habían atrapado a Jesús. Pero no fue así. Primero, corrigió sus conclusiones equivocadas acerca de la vida después de la muerte, explicando que en la próxima vida serán diferentes las realidades relacionales. Segundo, Jesús sabía que los saduceos solamente creían en la Torah (los primeros cinco libros de la Biblia entregados a Moisés) y sacó de allí su argumento. Explicó que debe haber una resurrección. En Éxodo 3:6, Dios le dijo a Moisés desde la zarza ardiendo, "yo soy el Dios de tu padre, el Dios de Abraham, el Dios de Isaac y el Dios de Jacob". Éstos tres hombres estaban muertos cuando Dios le habló a Moisés. Por lo tanto si el todavía era su Dios, la resurrección debía ser una realidad.

Lucas 20:45–47. Los escribas no tenían permitido cobrar por sus enseñanzas, pero frecuentemente recibían regalos. Se cree que algunos pedían a las viudas que les dieran regalos mayores de lo que podían y otros cobraban comisiones por manejar los asuntos legales de las viudas. Éstos hombres serían juzgados por sus acciones.

Lucas 21:1–4. La viuda pobre dio las dos monedas más pequeñas en circulación en ese momento, era todo lo que tenía para comprar sus necesidades básicas. El rico había pasado antes que ella, contribuyendo con quién sabe cuanto de su riqueza. Pero Jesús no medía los regalos por la cantidad dada sino por la cantidad guardada. Medido de esta manera, la viuda había dado en palabras de Jesús "mucho más que todos ellos".

Vemos otra vez aquí el reino al revés de Jesús. Esta viuda, seguramente la más pobre y por lo tanto la última de su cultura, se había convertido en la primera cuando Jesús la elogió. Los ricos, quienes eran considerados los primeros en términos de dinero, influencia y poder, que vivían arrogantemente y discutían con Jesús, fueron derrotados por él, condenados por él. Se habían convertido en los últimos.

Lucas 21:5–19. Aunque algunas personas que estaban con Jesús admiraban la belleza de la estructura del templo, él aclaró que sería destruido. Ellos querían saber cuando sucedería esto y los eventos que sucederían inmediatamente antes. Jesús no les contestó con un evento específico pero advirtió a sus discípulos del caos que vendría.

Cuando dijo, "pero ni un cabello de su cabeza se perderá", Jesús no estaba prometiendo la seguridad física de sus discípulos; estaba diciendo, que para el creyente es imposible una destrucción absoluta o permanente. Hay algo mucho peor que la muerte física —la condenación eterna. Como creyentes, estamos seguros al pertenecer a Cristo. Ya que él resucitó, nosotras lo haremos también. La muerte no podrá prevenir nuestra resurrección.

Lucas 21:20–24. Jesús continuó describiendo los eventos que sucederían durante la destrucción de Jerusalén. Generalmente, en aquella época la gente del campo entraba a la ciudades rodeadas por murallas para su protección. Jesús instruyó a sus seguidores para que hicieran todo lo contrario, que corrieran a las montañas. Jesús dejó claro que este sería el juicio de Dios. Muchos serían asesinados, otros serían tomados cautivos, y la ciudad sería demolida. Los historiadores nos dicen que esto es exactamente lo que sucedió en el sitio de Jerusalén en el año 70 d. C.

Lucas 21:25–28. La mayoría de eruditos están de acuerdo con que en el verso 25, Jesús pasa de describir los eventos que precedieron la caída de Jerusalén a una descripción de los eventos que precederán el último juicio. El fin del mundo de la manera que lo conocemos, Su regreso. Recuerde que estas son instrucciones reales dadas por Jesús a un grupo específico de personas en el futuro. Esas personas podríamos ser nosotros, podrían ser nuestros tataranietos, o podría ser una generación cientos o miles de años a partir de ahora. Pero Jesús los exhorta para que "levanten la mirada" cuando vengan estas señales, porque su liberación total está cerca de suceder.

Lucas 21:29–33. Los discípulos habían pedido una señal. Jesús les contesta con una parábola: así como las higueras dan señales de que el verano se aproxima, éstas cosas son señales de la aproximación del reino de Dios. "Generación" aquí se refiere probablemente a seres humanos en general y la forma en que consistentemente rechazan a Jesús y su mensaje. Así como hubo personas que rechazaron a Jesús y el evangelio mientras caminó sobre la tierra, lo mismo sucederá cuanto regrese la segunda vez. Sin embargo, su promesa de regresar es más digna de confianza que la mismísima creación.

Lucas 21:34–38. Jesús terminó sus instrucciones del sitio de Jerusalén y de su propio regreso con una advertencia: debemos observar, literalmente "tengan cuidado". Jesús nos está diciendo que seamos cuidadosas de no utilizar mal nuestra energía o insensibilizarnos mientras esperamos su regreso.

Lucas 22:7–13. Los judíos celebraban la cena de la Pascua de forma muy específica y la preparación de este alimento requería tiempo y esfuerzo. Aparentemente, Jesús había organizado días atrás un lugar para comer la cena con sus discípulos. Observe todas las señales y códigos que Jesús utilizó. Todo esto había sido planeado y sincronizado por el Señor. Jesús estaba en control aún en ese momento.

Lucas 22:14–20. De la misma manera que lo había hecho una y otra vez, habló de lo que venía: su sufrimiento. A partir de este pasaje entendemos que el pan de la cena simbolizaba el cuerpo de Jesús. Los apóstoles habrían entendido que Israel estaba en una relación de pacto con Dios. Tendrían un entendimiento claro de que la sangre de los animales estaba involucrada en el pacto hecho entre Dios y su gran patriarca Abraham. Ahora Jesús estaba estableciendo que su sangre estaba involucrada en el nuevo pacto que estaba implementando. Su sangre sería vertida por ellos, así como la sangre de los animales en el pacto antiguo. Así como cuando comieron el cordero de la primera comida del Éxodo, Jesús era el nuevo Cordero de la cena del nuevo éxodo.

Lucas 22:21–30. Cuando la Biblia dice "ha sido determinado o establecido" representa una voz conocida como el pasivo divino. Aunque su nombre no es mencionado explícitamente, Dios es el sujeto de esta sentencia. Él es quien ha determinado, decretado o establecido que estas cosas sucedan. Pero aún así, las personas que hacen que estas cosas sucedan, son consideradas responsables de ellas. Jesús dice "¡Pero qué aflicción le espera a aquel que lo traiciona!." Él no resuelve para nosotras la tensión que existe entre la responsabilidad humana y la soberanía divina.

Lucas 22:31–38. Cuando Jesús les dice "Satanás ha pedido zarandear a cada uno de ustedes como si fueran trigo; pero yo he rogado en oración por ti, Simón, para que tu fe no falle", para que cuando te arrepientas y vuelvas a mí, fortalezcas a tus hermanos»", significa que Satanás ha pedido permiso de Dios para sacudir a todos los discípulos, separando lo bueno de lo malo, tratando posiblemente de separarlos de Dios mediante esta intensa prueba. Sin embargo

Lucas 22:39–46. Jesús sabía que él moriría físicamente cuando fuera entregado a las autoridades romanas, que ese sería realmente el menor de los males que enfrentaría. El mayor, sería enfrentar la ira de su Padre. Jesús, la Segunda Persona de la Trinidad había conocido solamente la perfecta comunión y la perfecta relación con su Padre. Pero en su muerte, enfrentaría la "copa de la ira", el odio absoluto, la furia, el disgusto y el castigo de un Dios santo, hacia el total del pecado cometido tanto en el pasado como en el futuro.

A través de este corto pasaje, podemos tener un gran aprendizaje de cómo caminar a través de nuestros propios sufrimientos y pruebas, Jesús no "permaneció fuerte" ni "permaneció impasible", ignorando sus emociones o fingiendo que no estaba luchando con la voluntad de Dios. Le rogó tres veces que cambiara de parecer, pero mientras luchaba con lo que Dios lo había llamado a hacer, se sometió, e hincado de rodillas estuvo de acuerdo con ser el depositario de toda la ira de Dios.

Lucas 22:47–53. Jesús expreso claramente su extrañeza de que los líderes judíos vinieran a arrestarlo ocultándose en la oscuridad de la noche, aunque había estado regularmente en el templo donde todos lo podían ver. A diferencia de la mayoría de revolucionarios que se escondían en las montañas, Jesús no se había escondido de nadie. Las acciones del sanedrín fueron las que estuvieron totalmente torcidas.

Lucas 22:54–62. Posiblemente, Jesús fue llevado de una parte a la otra de la casa y en ese momento estaba alineado con la mirada de Pedro. Posiblemente, estaba en una parte de la casa que se veía desde el patio. De cualquier manera sucedió, en el momento de la tercera negación de Pedro, el Señor fue capaz de mirar directamente a Pedro. Aunque podríamos esperar que esta fue una mirada desolusionada, de ira o de "yo te lo dije", las palabras escogidas por Lucas nos dicen algo diferente. Esta palabra griega, *emblepō*, se refiere a "una mirada de interés, amor, o preocupación". Fue una mirada compasiva de Jesús en el momento de la épica caída de su discípulo. Jesús no se lo "echó en cara", no lo castigó, ni siquiera se enojó; sino que tuvo compasión de Pedro. ¿No hace lo mismo con nosotras en nuestros fracasos, cuando no lo amamos como él se merece?

Lucas 22:63–71. Aunque ninguno de los evangelios nos da cada detalle de la farsa que constituyó el juicio de Jesús, al armarlo, nos habla de que hubo básicamente dos etapas: el juicio de los judíos y a continuación el juicio de los romanos. Los líderes judíos querían saber si Jesús clamaba ser el Cristo esperado por su gente. El les contestó que sí y que no: sí, yo soy el Cristo pero no el que ustedes estaban esperando. A los judíos no les importaba que el reino de Jesús fuera un reino totalmente diferente del que ellos estaban esperando. Según ellos, sus propias palabras lo habían condenado.

De nuevo, considere el poder de Jesús y su habilidad de sustraerse asimismo de esta situación. Hasta este momento había resistido las tentaciones citadas por Satanás en el desierto. Había sanado a miles de varias enfermedades y liberado a cientos de las garras de la posesión demoníaca de Satanás. Había permitido mostrar algo de su gloria en la montaña a Pedro, Santiago y Juan. Había superado una y otra vez en sus argumentos a fariseos, escribas y otras personas, se deslizó a través de sus trampas verbales, y sobrepasó su habilidad para debatir hasta el punto de que "ya no se atrevieron a hacerle más preguntas" (Lucas 20:40). Obviamente, estaba enteramente dentro de su poder y habilidad detener esta cadena de eventos. Y sin embargo no lo hizo. Una y otra vez permitió que sucedieran las cosas que hubiera podido frenar. No fue un accidente que hubiera sido traicionado, entregado y encontrado culpable. Vino a Jerusalén a morir por los pecados del mundo y la forma en que lo hizo fue en este injusto y sigiloso desorden de eventos.

Querida, aún en este momento vea Su absoluta soberanía y vulnerabilidad. Que él se sometió a semejantes hombres orgullosos para cumplir su meta de lograr su redención. Esta es la forma en que el rey siervo ganaría su salvación. Así fue como él tomó la copa de la ira de Dios, para que usted nunca tenga que hacerlo. Vino a morir, a resucitar, a reinar. Vino a amarnos, el rey siervo.

Preguntas para reflexionar

5. La respuesta de Jesús al regalo inicuo de la viuda como si fuera el mejor, nos muestra que Jesús mide las intenciones del corazón por encima del tamaño del regalo. Al reflexionar en dar de su pobreza en cambio de su abundancia, ¿qué pensamiento viene a su mente?

6. Jesús nos exhorta a mantenernos vigilantes mientras esperamos por su regreso. ¿Cuáles son las cosas que la mantienen distraída en la vida? ¿Cómo agobian estas cosas su corazón?

7. Cuando Jesús estaba aún más cerca de su muerte, hizo todo lo posible por servir y enseñar a los discípulos. El ver esto más de cerca ¿de qué manera, profundiza su entendimiento de él?

8. Cuando Pedro traicionó a Jesús, como Jesús le dijo que pasaría, Jesús lo miró no con "yo te lo dije" sino con compasión. ¿Esto le sorprende? ¿Por qué si o por qué no?

9. Siendo Jesús completamente Dios habría podido frenar totalmente esta cadena de eventos y no haber bebido por usted la copa de la ira de Dios en la cruz. Él lo hizo porque usted es absolutamente incapaz de hacerlo. ¿Qué concluye al reflexionar sobre cuán intencionalmente lo hizo?

Verso principal

Entonces todos verán al Hijo del Hombre venir en una nube con poder y gran gloria. Por lo tanto, cuando todas estas cosas comiencen a suceder, pónganse de pie y levanten la mirada, ¡porque la salvación está cerca!

Lucas 21:27–28

Reflexiones, curiosidades, frustraciones:

Estudio 10

El rey ascendido

Lea Lucas 23–24

Preguntas de observación

1. En Lucas 23:1–5, ¿qué sucedió durante la interacción entre Pilatos y Jesús?

2. Escriba los detalles de la conversación que Jesús tuvo con los dos criminales condenados que fueron crucificados con él (Lucas 23:32–43).

3. En Lucas 24:1–12 ¿quiénes fueron a la tumba? ¿Quiénes estaban allí? ¿Qué sucedió cuando les contaron a los apóstoles?

4. En Lucas 24:36–43, ¿qué les mostró Jesús a sus discípulos para ayudarles a creer que era él ? ¿qué pidió de ellos?

Interpretación

Lucas 23:1–5. Los líderes judíos habían dictado su veredicto, Jesús era culpable. El sanedrín no tenía poder para imponer la pena de muerte, solamente Roma podía hacerlo. Pero ¿qué importancia podía tener para Roma, que por creencias religiosas los judíos se ofendieran entre ellos? Los líderes judíos tenían que hacer acusaciones a las que Roma les pusiera atención. La primera acusación de los líderes judíos hacia Jesús fue que estaba atentando contra el poder y autoridad de Roma, lo que habría podido decirse acerca de muchos y no ponérsele atención. La segunda, que Jesús se había opuesto a pagar los impuestos al César, era completamente falsa (Lucas 20:20–26). Pero proclamarse rey era algo político en naturaleza y Pilatos no pudo ignorar semejante acusación. Como lo hizo en la noche anterior, Jesús contestó sí, pero no explicó el carácter verdadero de su reino. Sí, él era el rey de los judíos, pero no rey de la manera en que Pilatos entendía la monarquía. Pilatos reconoció que los cargos levantados contra Jesús eran absurdos. Jesús era inocente de todos los crímenes.

Lucas 23:6–16. La mención que el sanedrín hizo de Galilea fue la oportunidad de Pilatos para desviar su responsabilidad legal a Herodes, la autoridad romana legal a cargo de esa provincia. Herodes estaba también en Jerusalén para la pascua y estaba emocionado de poder ver alguna clase de show por parte de Jesús. Sin embargo, cuando interrogó a Jesús sólo recibió silencio. Aunque Jesús estaba siempre listo a participar con buscadores espirituales verdaderos, no llevaría a cabo trucos de circo para este oficial que realmente no tenía curiosidad espiritual. Decepcionado, Herodes se unió con sus soldados en las burlas hacia Jesús. Para este momento, dos oficiales romanos habían examinado a Jesús y lo habían hallado inocente.

Lucas 23:18–25. De nuevo vemos la combinación de la soberanía de Dios con la responsabilidad humana. Pilatos fue y es responsable de su acción. Había recibido autoridad en ese momento y lugar del juicio de Jesús y ha debido también actuar a favor del hombre inocente. De la misma manera que Dios utilizó la traición de Judas para llevar a cabo su plan de redención, lo hizo a través de Pilato. Utilizó esta singular rivalidad de poder entre los judíos y Roma, la ira, orgullo y celo del liderazgo judío y la relación entre Herodes y Pilatos para llevar a su propio Hijo a la ejecución. Él podía utilizar cualquier dinámica política, cualquier relación, cualquier norma cultural, cualquier persona o cualquier cosa en cualquier parte, para sus propios propósitos y deseos. Si él utilizó semejante fiasco de juicio para el proceso de la muerte de su Hijo y la redención final del mundo, ¿cómo no podrá usar mucho más nuestras circunstancias aparentemente sin esperanza, para alcanzar su gloria y nuestro bien?

El hombre culpable fue liberado, mientras que el hombre inocente fue sentenciado a muerte. Vale la pena hacer una pausa para considerar que estaba caminando hacia la muerte, para poder pagar por los pecados de Barrabás, un hombre culpable. Este es con toda seguridad el reino al revés, donde el rey sin culpa decidiría morir por el culpable.

Lucas 23:26–31. El terrible día finalmente había llegado. Jesús había caminado durante meses para dar para entregarse a los judíos, a los romanos, y a la cruz. Los latigazos que generalmente precedían la crucifixión eran tan extremos que generalmente causaban la muerte del prisionero. Jesús los había sobrevivido, pero estaba tan débil que ya no podía cargar el madero de la cruz que se les hacía cargar en su espalda a las personas condenadas, así que los soldados romanos forzaron a un caminante para que lo hiciera. El hecho de que los dos hijos de Simon sean mencionados por nombre en Marcos 15: 21, sugiere que este Simon debió convertirse en un seguidor de Jesús a través de este encuentro. Él fue, literalmente, el primero que tomó su cruz y siguió al rey.

Jesús le dijo a la multitud que no se lamentara por él sino por ellos mismos. Él sabía que Jerusalén sería juzgada por lo que le habían hecho a él. Aunque los judíos consideraban un terrible infortunio no ser capaces de tener hijos, Jesús les estaba diciendo que la destrucción de Jerusalén traería con ella un sufrimiento tan terrible que la esterilidad en ese momento sería preferible. Luego, en el verso 31, Jesús hizo una terrible pregunta: Si yo, el hombre inocente (el árbol verde), sufro de esta manera en una cruz, cuánto sufrirán los hombres culpables, los judíos que me rechazaron (el árbol seco)?

Lucas 23:32–34. La muerte de Jesús entre criminales cumplió la profecía de Isaías 53:12 "derramó su vida hasta la muerte, y fue contado con los pecadores." En este momento colgado entre dos ladrones es que le pide al Padre "perdonarlos", refiriéndose probablemente tanto a los judíos que levantaron cargos contra él como a los romanos quienes implementaron la sentencia.

Lucas 23:35–43. La ironía del escarnio que sufrió de los gobernantes y los soldados fue que si Jesús se hubiera salvado a si mismo, no habría salvado a nadie más. El crimen de Jesús fue que proclamó ser un rey, una infracción política a los ojos de Roma. De nuevo, la ironía no fue que solamente eso era cierto —Jesús realmente era y es rey—pero creer y reconocer esa verdad podía salvar a cada persona observando la escena. Uno de los ladrones se burló de Jesús junto con los gobernadores y soldados, pero el otro reconoció su monarquía pidiéndole a Jesús que se acordara de él. Jesús hubiera podido culparlo, rechazarlo, pedirle que dijera ciertas palabras, o inclusive asustarlo. Pero Jesús nunca culpa o rechaza a nadie que le pide con fe. En cambio le prometió el paraíso.

Lucas 23:44–49. El velo que se rompió se encontraba entre el Lugar Santo y el Lugar Santísimo, donde solamente al sumo sacerdote se le permitía entrar una vez al año para hacer expiación por los pecados del pueblo. Con su muerte, Jesús eliminó cualquier barrera entre sí mismo y su pueblo. Ya no se necesitaba el velo. El pecado que mantuvo a Israel y a todos nosotros aparte de un Dios santo había sido pagado mediante la condena de un hombre sin pecado.

Note las diferentes reacciones de los que estaban mirando a Jesús. Algunos se burlaron de él. Otros lo despreciaron o se mofaron. Algunos se lamentaron o se sintieron culpables, mientras que al menos uno confesó la verdadera identidad de Jesús. Todos deben responder a la vida, muerte y resurrección de este rey ¿cuál será su respuesta?

Lucas 23:50–56. De acuerdo con la ley judía, un cuerpo no podía permanecer colgado después del atardecer. Como el día de descanso ya estaba apunto de comenzar, el cuerpo fue envuelto, preparado rápidamente y luego colocado en una tumba. Cuando las mujeres vieron cómo Jesús había sido puesto, aparentemente consideraron que había sido inadecuado y regresaron a su casa a preparar especias y perfumes para utilizarlas en el cuerpo, cuando se hubiera acabado el día del descanso. Estas especias deben ser las que llevaban en sus manos el domingo en la mañana, cuando caminaban hacia la tumba.

Lucas 24:1–12. A las mujeres no se les ocurrió inmediatamente que Jesús hubiera sido levantado de la muerte. Él había explicado exactamente lo que le sucedería, en múltiples oportunidades —e inclusive les habló de su resurrección—pero ninguno de sus seguidores había entendido completamente su plan. Así que Dios envió ángeles. La respuesta de las mujeres es exactamente la misma que tuvieron María y Zacarías, cuando recibieron visitantes angelicales en Lucas 1. Eran seres radiantes, poderosos, santos, que aparecieron repentinamente. No es de extrañarse que los seres humanos quedaran aterrados.

Los ángeles estaban allí para explicar otra vez lo que Jesús ya había dicho. Les recordaron a las mujeres las palabras de Jesús. Cuando las mujeres escucharon otra vez las mismas palabras dichas por los ángeles, se acordaron. La total trascendencia de lo que había sucedido debió haber resonado en sus mentes, cuando corrían de regreso de la tumba hacia los apóstoles.

Es destacable que las mujeres hayan sido los primeros testigos de la resurrección. En los días de Jesús, el testimonio de las mujeres era inaceptable e inadmisible en una corte legal. Pero Lucas, quien repetidamente señalaba las interacciones dignificantes de Jesús con las mujeres, lo hizo por última vez. Así como María tuvo el privilegio de ser la primera en saber de la encarnación de Jesús en Lucas 1, de la misma manera estas mujeres fueron las primeras en saber de su resurrección. Cuando las mujeres llegaron donde los otros discípulos, diez de los apóstoles no creyeron. Pedro salió corriendo a mirar a la tumba, pero solamente quedó confuso y desconcertado. Para convencer a los otros once de que Jesús estaba vivo, se necesitarían más testigos

Lucas 24:13–24. Aparentemente, Jesús caminó al lado de estos dos, aunque no se les dio la oportunidad de reconocerlo. Cuando les preguntó, pararon obviamente tristes. Jesús había sido asesinado por los romanos y el consenso entre sus seguidores era que él no había sido el Cristo. Ni la explicación dada por las mujeres, ni las palabras de los ángeles los habían convencido. Habían creído hasta el momento de su sufrimiento y muerte, lo demás no encuadraba con su comprensión del Mesías.

Lucas 24:25–35. Estos seguidores de Jesús esperaban la gloria, pero no el sufrimiento del Mesías. Esperaban que el redentor de los judíos experimentara victoria y autoridad, pero no que se sometiera de manera alguna al dolor y al sufrimiento. Cuando murió en la cruz, sus esperanzas se desvanecieron. Jesús los corrigió utilizando el Antiguo Testamento. Les mostró que la ley y todos los profetas del Antiguo Testamento apuntaban hacia él. Él no era una nueva idea pregonada para la generación actual. En cambio de ello, era la esperanza y cumplimiento de todas las promesas de Dios, desde el principio mismo.

Fue mientras comían con él, que Dios les abrió los ojos para que reconocieran finalmente a Jesús. Aparentemente, ni siquiera se tomaron el tiempo para terminar sus alimentos sino que regresaron inmediatamente a la ciudad a contarles a los otros discípulos que habían visto al Señor. Finalmente, habían entendido que Jesús había resucitado. En las horas siguientes de ese día, a más y más de sus seguidores se les permitió ver y entender la realidad de la resurrección de Jesús, su gozo y esperanza deben haber crecido. Primero se les apareció en parejas o pequeños grupos, pero Dios tuvo que abrir sus ojos para que vieran la verdad y fue hablando los unos con los otros, que confirmaron estas cosas y crecieron en su confianza acerca de lo que habían visto.

Lucas 24:36–43. Cuando Jesús se apareció entre ellos, los seguidores de Jesús estaban tratando de poner todas las piezas juntas y de entender exactamente lo que había sucedido. Éstos discípulos todavía estaban confundidos acerca de lo que habían visto. ¿Este era simplemente el espíritu de Jesús viniendo a visitarlos desde la muerte? ¿Era alguien más? El Dios–hombre que había logrado vencer la muerte fue condescendiente con las mentes limitadas de estos discípulos y se mostró a ellos. Les ofreció sus manos y pies como prueba, permitiéndoles tocar su cuerpo.

Sin embargo, todavía no creían. Pero en este momento no creían porque estaban llenos de alegría y asombro. Era demasiado bueno para ser cierto. Estaba más allá de su capacidad de creer en ese momento. Por supuesto, Jesús lo sabía. Jesús entendía sus límites, su miedo, su confusión. Y les dio formas táctiles, sensoriales para ver su humanidad. Comió frente a ellos. Esta es la postura de Jesús hacia los discípulos dudosos y confundidos. Se explica a si mismo de manera que lo puedan entender. Pacientemente se muestra a quienes lo buscan, aún en medio de la incredulidad.

Lucas 24:44–49. Jesús ya no estaba "con ellos" como cuando estaba en la tierra. Ahora su presencia era diferente, la excepción más que la norma. Repitió las palabras que les había dicho cuando vivía en la tierra: "todo lo escrito acerca de mí en la ley de Moisés, en los profetas y en los salmos, ha sido cumplido". De nuevo Jesús explicó que todas las Escrituras, los tipos, las historias y las prefiguraciones apuntaban hacia él. Ya había hecho declaraciones como estas y de hecho durante su ministerio había citado lo que el Antiguo Testamento hablaba de él. Ellos no pudieron entender, sino hasta cuando les abrió sus mentes.

Jesús describió la línea histórica del Cristo como se enseña en el Antiguo Testamento —El sufriría, resucitaría al tercer día de los muertos y en su nombre, el arrepentimiento y el perdón de los pecados serían proclamados a todas las naciones. Desde el comienzo, e inclusive desde el pacto con Abraham, Dios había tenido la intención de extender su promesa fuera de la de la nación de Israel.

Jesús les dice que ellos deberían ser sus testigos. ¿Cómo un grupo de personas asustado y lleno de dudas podría convertirse en el medio por el cual todas las naciones deberían saber acerca del arrepentimiento y el perdón de los pecados? Únicamente, al enviar la promesa de su Padre, el Espíritu Santo. Los discípulos deberían permanecer en la ciudad hasta que fueran "vestidos" con su poder. Esto, también había sido profetizado mucho tiempo atrás, antes de la encarnación de Jesús (vea Joel 2:28). Siempre fue el plan de Dios entregarles en los últimos días el Espíritu Santo a sus discípulos, para que pudieran llevar a cabo la misión de anunciar el reino a todas las naciones. Solamente Dios podía equipar a sus hijos para semejante tarea.

Lucas 24:50–53. Es fácil pensar que básicamente la historia ha terminado. Algunas veces podemos saltar hasta la ascensión como a las notas finales del libro—necesarias pero esperadas, más como un marcador que como un transformador de vidas. Pero la ascensión no es una forma de concluir la historia. La ascensión es la coronación del rey, la finalización de su trabajo, el comienzo de su reino celestial y de su entrega de dones a la iglesia. La verdadera entrada triunfal sucedió cuando el rey de reyes, después de haber terminado su trabajo sobre la tierra, regresó al cielo como el rey exaltado.

El rey siervo había nacido en la pobreza, había vivido una vida perfecta, bebió la copa de la ira de Dios por nosotros, desafió la muerte, y ascendió al trono, llevándonos con él. Al final de Lucas, podemos unir nuestras voces con las de los discípulos y alabar a Dios por su perfecta obra de redención. Vino a morir, a resucitar, a reinar. Vino a amarnos, el rey siervo.

Preguntas para reflexionar

5. Jesús no recibió justicia. Aunque era inocente y fue hallado así por Herodes y Pilato, sin embargo, fue enviado a la crucifixión. Dios obró el momento más importante de la historia de la humanidad a través de la injusticia. ¿Qué piensa de esto a medida que reflexiona?

6. Cuando las mujeres que seguían a Jesús se lamentaban por él, les dijo que él se lamentaba por lo que vendría para ellas a pesar de la agonía que estaba apunto de enfrentar. ¿Cómo nos demuestra esto la forma en la que Jesús nos ama y nos sirve?

7. Aunque Jesús les había dicho varias veces a sus apóstoles que moriría y resucitaría, ellos fueron lentos para creer cuando eso sucedió. ¿Qué palabras de Jesús son lentos para escuchar?

8. A pesar de todas las evidencias frente a los ojos de los seguidores de Jesús, de todas maneras fue difícil de entender la resurrección. Jesús los ayudó haciendo cosas tales como comer frente a ellos y mostrarles sus heridas. ¿Qué nos muestra esto acerca de la forma en que Dios contesta satisfactoria y completamente nuestra incredulidad?

9. Cristo ascendió a la gloria, su coronación como rey, representándonos allí a nosotros los redimidos. Escriba una oración a Jesús en agradecimiento por esto.

Verso principal

Entonces les abrió la mente para que entendieran las Escrituras, y dijo: «Efectivamente, se escribió hace mucho tiempo que el Mesías debería sufrir, morir y resucitar al tercer día. También se escribió que este mensaje se proclamaría con la autoridad de su nombre a todas las naciones, comenzando con Jerusalén: "Hay perdón de pecados para todos los que se arrepientan". Ustedes son testigos de todas estas cosas. »Ahora enviaré al Espíritu Santo, tal como prometió mi Padre; pero quédense aquí en la ciudad hasta que el Espíritu Santo venga y los llene con poder del cielo».

Lucas 24:45–49

Reflexiones, curiosidades, frustraciones:

Expresiones de gratitud

Christine: Michael, dijiste que hiciera esto hace años, lo siento que haya tardado tanto. Gracias por tu paciencia, Marcia. Puede continuar ampliando su celestial Cartera de Inversiones. Te traerá un buen retorno. Jacob, no puedo creer que todavía estes dispuesto a seguir en este loco viaje con nosotros. Gracias por ser tan paciente y constante. Renae, todavía no puedo creer que hayas logrado hacer esto. Dios te dio justo lo que necesitamos. Jen, aquí tienes otro libro producido en parte gracias a tu aliento y oraciones. Hope creo que es evidente, pero esta vez te lo tengo que decir: tu eres uno de mis mayores placeres. Estoy muy agradecida de poder hacer esto contigo.

Hope: gracias a la cantidad de personas que siempre están animándonos y esta obra. Ray, mamá y papá, Drew, las hermanas, el comité asesor y tantos otros amigos a lo largo del camino. Este libro nació del deseo de llegar a nuestras hermanas en momentos difíciles, llegar a lugares espiritualmente por su historia, su lengua o su contexto. Este libro es para ti y que puedas conocer a Cristo a través de él. Renae, eres una maestra escultora, y este libro es una prueba. Muy agradecida por ti. Jen, tus oraciones han dado vida a muchas cosas. Me encanta tenerte es esto. Chris, en serio, el regalo más lujoso de todos.

Una nota sobre las fuentes

En mi estudio de Lucas me he basado en una gran cantidad de trabajo duro de otras personas. En primer lugar, estoy en deuda con el Dr. Dan Doriani, quien enseñó los Evangelios en el Seminario Covenant con tanta excelencia y quien también me dirigió a comentaristas específicos en quienes podía confiar en su tratamiento del texto. He confiado en biblehub.com por sus excelentes versos interlineales griegos y sus comentaristas, específicamente Clarke y Ellicott. He utilizado monergism. com varias veces para acceder a sermones, especialmente los de Sinclair Gerguson y Alistair Begg. También he consultado The New Testament World, Insights from Cultural Anthropology de Bruce J. Maliana (Westminster/John Knox Press, 1993). Qué recurso tan maravilloso para comprender el mundo en el que vivió Jesús.

La historia de At His Feet

Hace unos años, Hope comenzó a buscar artículos para el Estudio Biblico de Mujeres en nuestra iglesia. Aunque encontró una gran cantidad de estudios bíblicos de calidad, fue difícil encontrar estudios escritos de mujeres para mujeres y de teología reformada. También fue difícil encontrar estudios profundos de las Escrituras, que no tomaran gran cantidad de tiempo. En un momento de desesperación Hope le preguntó a Chris si estaría dispuesta a ser coautora de un estudio sobre Romanos, la convenció diciéndole "o sea, ¿qué tan difícil puede ser?" Así comenzó todo, con correos electrónicos semanales yendo y viniendo, comentarios profundos por parte de Chris, preguntas reflexivas por parte de Hope, ajustes, edición, preguntas y meditaciones. Un grupo de mujeres de la Iglesia Presbiteriana Redentor en Lincoln, Nebraska nos soportó pacientemente a medida que experimentábamos con ellas y aprendíamos a encontrar un ritmo como escritoras.

Dos años más tarde, Hope llamó de nuevo a Chris, suavizando las cosas al decirle que podía escoger cualquier libro que quisiera, el libro fue 1 Samuel. La narrativa del Antiguo Testamento es la mejor. Así nació otro estudio. Para ese momento, las mujeres empezaron a solicitar copias de los dos estudios que habíamos escrito. Mientras enviamos interminables correos electrónicos con los pdfs. a varias personas del país, un pastor amigo quien también es editor, se acercó a nosotras en una fiesta y nos ofreció publicar los estudios bíblicos. De repente, ya teníamos la posibilidad de llevarlos a manos de mujeres que podrían utilizarlos. Éste ha sido el punto de todo este esfuerzo —hacer la Biblia más accesible a las mujeres. Pero ¿cuál sería el nombre?

Durante el primer siglo, cuando Jesús caminó sobre la tierra, un maestro judío habría estado rodeado de sus estudiantes, con algunos de ellos sentados a sus pies para aprender y escuchar. Esta era la costumbre, lo normal en esa época. Pero en Lucas 10:39, María se sentó a los pies de Jesús. A María una mujer que fue enseñada por su maestro en forma poco convencional, se le dio el privilegio de recibir sus palabras, sus pausas, su tono. Para Jesús, ella era tan digna de sus enseñanzas como los hombres que estaban en el recinto—y nosotras también, sus estudiantes mujeres de hoy en día. Y por eso aquí estamos en los At His Feet Bible Studies, esperando sentarnos a los pies de Jesús mientras estudiamos su Palabra.

Otros estudios de At His Feet en español

Galátas (8 estudios)

Puede encontrar todos nuestros estudios en athisfeetstudies.com.

www.ingramcontent.com/pod-product-compliance
Lightning Source LLC
Chambersburg PA
CBHW081330120626
46546CB00011B/3278